WHISTLING VIVALDI

HOW STEREOTYPES AFFECT US AND WHAT WE CAN DO

刻 板 印 象
我们为何歧视与被歧视

[美] 克劳德·M. 斯蒂尔（Claude M. Steele） 著

陈默 译

民主与建设出版社
·北京·

谨以此书献给多萝西以及乔里、本、戴娜、西德尼、科尔曼和马修等。

同样献给我的父母，露丝和谢尔比·斯蒂尔。

目 录
contents

第一章　身份的"原罪"　001

身份的条件作用：这世界上存在着一种秩序　003

刻板印象风险：改变自己面对的情境　007

验证印象与制造印象：心理学实验告诉我们的事　010

偏见与机会：我们对世界的了解是局部的　015

第二章　"负面标签"效应　021

旁观者视角：强调自己看见的，忽视自己看不清的　023

无形力量的幽灵：影响表现优劣的根源　028

边缘化与归属感："努力努力再努力"的诅咒　031

恶魔教室：《暴风之眼》歧视现象实验　035

冷眼对待：负面标签效应的安全模式　038

"第二点猜想"：女性数学能力实证测试　044

第三章　刻板印象风险无处不在　057

合理归因：从青铜到王者的逆袭　059

内化现象：形象与性格的恶性循环　061

自身缺陷论：负面标签压力影响了谁　062

拒绝标签：普适性验证　064

压力的本质：学霸的紧箍咒　072

身份困境：情境中的真正威胁　078

低迷表现的幕后推手：社会身份如何决定我们的言行举止　079

第四章　宏观视角的身份认同　083

鱼目如何混珠：从黑人变成白人的《纽约时报》专栏作者　086

身份的概念具有地域性：唯身份至上的社会架构　091

一条游走在房间里的蛇：无所不在的支配　092

以身份之名：控制我们心灵的力量　096

最小化群体效应：我们的歧视行为为何如此容易被挑动　102

社会身份认同的可塑性：从纽约到巴黎的距离　105

第五章　对冲负面刻板印象风险　113

情境压力：正面与负面刻板印象较劲　115

关心则乱：普适性压力产生的先决条件　127

第六章　身份威胁：努力的结果未必都是好的　133

　　别所有问题都自己扛：单打独斗抗衡分工合作　135

　　用力过猛：对付偏见的策略　140

　　扼杀幽灵：一场西西弗式的对抗　145

第七章　"暴走"的大脑与认知过载　153

　　这就是爱吗：一见钟情的误会　155

　　刻板印象风险对情绪的影响：焦虑　157

　　刻板印象风险对生理的影响：血压升高　159

　　刻板印象风险对思维的影响：认知过载　163

　　约翰·亨利现象：少数族群不可承受之重　171

　　向上翻转的劣势人生：追求阶层上升的代价　175

第八章　刻板印象风险的威力：无处不在的情境信号　179

　　临界数量：女性大法官体现的职场刻板印象　181

　　身份融合：环境透漏的情境线索　185

　　无人是孤岛：创造安全感的关键改变　191

第九章　如何降低身份和刻板印象风险　203

　　摘下面具：提升安全感的明灯　205

　　切肤之痛：顶级高校学霸竟成为刻板印象的最大受害者　208

如沐春风：无心插柳的"临界数量"效应　　214
汤姆·奥斯特罗姆式策略：避免模棱两可的解读　　216
心理干预：成长性思维与固定性思维　　220
风险一视同仁：刻板印象对儿童的影响　　226
自我肯定：如何提升对负面刻板印象的"抗性"　　230
"身份安全感"：春风化雨的独特教学法　　238
策略集合：降低风险与获取知识齐头并进　　240
两套剧本：被低估的潜力　　245

第十章　我们之间的距离：身份风险的效用　　253

"西南航空头等舱"现象：隔离者之国　　255
回避污名化：远距离交流的起因并非偏见　　265
学会拉近距离：标签随时可能贴在每个人身上　　273

第十一章　身份是联结你我的桥梁　　279

致　谢　　293

第一章　身份的"原罪"

身份的条件作用：这世界上存在着一种秩序

我还记得我是从何时开始在意自己是一个黑人的。那是我七八岁的时候，暑假前的最后一个学校日，结束了一学期的学习，我和邻家小伙伴漫步在放学路上，憧憬着即将到来的热情似火的整个暑假。然而就在这时我却得知，我们这些"黑人"孩子是不可以去本区公园的泳池游泳的——只有周三的下午除外。于是那个夏天，每逢周三，我和我的小伙伴们便紧裹着泳衣和毛巾，从自家社区向一旁白人社区里那块"神圣"的游泳池接踵而行，活像一群流浪的吉卜赛人。那种古怪的、每周一次的"朝圣"活动，正是20世纪50年代至60年代早期，在芝加哥地区盛行的种族制度的真实写照。

用心理学家威廉·克劳斯的话来说，这就是我与种族制度这一客观现象的一次"不期而遇"。这种制度对我的影响实在是太大了——难道我一辈子都只能在周三下午游泳么？凭什么呢？

更要命的是，这还只是一个开始，很快我就发现我们社区的黑人小伙伴们都不能去溜冰场玩——每周四晚除外。在这之前我一直以为我们只是普通的孩子而已，但现实却是我们只有在周三或周四才能被当作普通人？这些区别对待的手段实在过于刺眼，而且后果相当严重。我在 13 岁的时候，有一次为了应聘地区高尔夫球场的球童，一大早 6 点钟就赶到现场，足足等了一天，最后却被对方告知他们不招"黑人"。虽然当时并不太明白身为黑人究竟意味着什么，不过我却越来越意识到，这事儿肯定不简单。

经过几十年的摸爬滚打，我现在觉得自己已经看透了一切。我越来越认识到这无非就是一种人生境遇，一种和我的种族、和我在那个年代那个地点、身为一个黑人密切相关的境遇。这种境遇简单来说：如果我在周三下午跟着"流浪大军"们一道前往游泳池，那就没问题；但如果我在其他的时间去，那就没门儿。对于当时七八岁大的我来说，这种境遇可真是太糟糕了。然而这种境遇本身还不是最糟的，假设由于我忘了出门倒垃圾而被父母限制游泳，我是不会如此难过的。真正令人沮丧的是，导致这一处境的原因是我是一个黑人，而我对此无能为力。而且如果身为黑人就是限制我游泳的充分理由，那么还有多少类似的遭遇会随之而来呢？

又经过了许多年，在一次访谈中，一位大学生（后文中也将提及他）跟我分享了一次类似的经历。他所在的"非洲裔美国人政治学"课程中大部分都是非洲裔和其他少数族裔学生，而他是仅有的两名白人学生之一。他向我介绍了他的遭遇：如果他发表的某些言论未能很好地顾及非洲裔美国人的感受，或是表现出不知该如何替他们着想的态度，那么他就会被认为是在漠视种族问题；而如果他保持缄默，那么就可以极大程度地避免来自其他同学的质疑。与我遭遇的"泳池处境"类似，他在当时当地的处境也令他开始在意到自己的白人身份，而在此之前他从未对此有所关注。

随着相似经历的不断积累，一大堆令人困扰的问题也由此引发：还有没有其他类似的处境呢？还有多少？涉及生活中的哪些领域？它们会否对某些重大事件产生影响？能否有效避免？是否必须对此时刻保持警惕？

我遭遇到的"泳池限制"曾让我感到一头雾水，也不晓得它源自何方。如今，许多与身份挂钩的类似处境仍然困扰着我，但好在我找到了追本溯源的有效办法。我认为它们源自某个社会在特定时期围绕着某种身份（如种族）进行构建的过程。这一构建过程反映了该地区的历史特征，也映射出个人和团体为了有更多发展机会和更高生活质量而进行的无休止的竞争。20世纪50年代至60年代早期，芝加哥地区的社会构建就是围绕着种族秩序进行的——严格的居住隔离、心照不宣的就学划分，还有职业歧视等，这些都意味着当时当地的黑人群体必将遭遇大量与身份相关的受限处境，而在诸多限制中，那个曾令七八岁的我感到忧心忡忡的"泳池限制"恐怕只能算是鸡毛蒜皮的小事了。

本书将要介绍"身份的条件作用"这一概念（这是我和我

的同事一起取的名字）。它意为由既定的社会身份（年迈、年轻、同性恋、男性白人、女性、黑人、拉丁裔、政治保守派或自由派、躁郁症患者、癌症患者等）所引致的一些需要相机应对的处境。一般来说，"条件作用"是指在某种场合下为了实现某些需求或目的而必须处理的某种状况。比如在我童年时期的芝加哥，我能否顺利进入泳池取决于当天是否是周三，这就是一种条件作用。在上文提及的"非洲裔美国人政治学"课程中，那位白人大学生在发言时需要额外考虑非洲裔美国人的感受，否则他将遭到严重抵制，这也是一种条件作用。而以上两种条件作用之所以被我称为"身份条件作用"，就在于这些变量均由当事人的某种特定的社会身份而产生，也即只有与当事人具有同样身份的人才会面临这样的条件作用，而其他人则不受影响。本书的目的即在于检视"身份条件作用"在日常生活、更广泛的社会领域内以及在某些长期存在的社会问题中分别扮演着怎样的角色。

当然，我们现在身处一个崇尚个人主义的社会。我们不认为与社会身份挂钩的一些因素会对我们的生活产生多大的影响（何况我们一直都在抵制这种影响）。我们坚信：困难来临时，我们应当乘风破浪、斗志昂扬。坦白说，我本人也坚信这一点，不过我还是要在书中指出这一信条的明显局限，那就是在某些现实处境之下，我们的社会身份的确发挥着重大的影响，这种影响绝不亚于学习表现、记忆力、运动能力、上进心、人际关系融洽度等普遍由个体天赋、行为动机以及个性偏好等决定的各种变量所带来的影响。

本书的目的正是要将这一尚未得到足够认知的社会现实摆上台面。我希望传递的是：笃信个人主义而忽视社会身份的影响，其代价将是沉重的。社会身份影响着个人的成就和发展，影响着在身份多元化的社会和世界中生活的质量，影响着我们对由身份引发的分配不公问题进行纠正的能力，我们绝不能对此视而不见。

身份条件作用是如何产生影响的呢？有些是对个人行为起到直接的限制作用，例如泳池限制；而另一些则相对微妙，它们并不直接约束行为，但却在潜移默化中发挥着同样巨大的影响。

刻板印象风险：改变自己面对的情境

本书的核心内容是对一种典型的身份条件作用——"刻板印象风险"的阐述。我认为刻板印象风险是一种典型的生活窘境，它源于人类的主体间交互能力，具体而言，作为社会的一员，我们非常清楚其他社会成员对于许多事物的看法，包括社会的主流群体和身份。我们对这些身份赋予了许多刻板印象，并且彼此间的想法高度一致。这就意味着，当与某种身份（比如：年迈、贫穷、富有或者身为女性）挂钩的负面印象被加诸我们自身的时候，我们是心知肚明的。我们很清楚"别人会怎么想"，同时也知道，任何与这种刻板印象相符的行为都会进一步印证此类印象。我们对随之而来的评价和待遇同样了如指掌。这就是为什么我会称它为"最典型的生活窘境"。无论是记忆力不佳还是在人际交往中表现冷淡,你都有可能因此而面临刻板印象风险。这种风险形式多样,没有人能对此免疫,有时候甚至成为家常便饭。

刻板印象风险同样是一种与身份挂钩的风险,"泳池限制"就是一例。只要身处与刻板印象相关的环境中,这种风险就会显现出来。换句话说,这一风险就像跟屁虫一样紧紧尾随着所有符合刻板印象特质的人群,难以摆脱。

以下我将援引一名非洲裔美国男子——纽约《时代周刊》的专栏作家布伦特·斯台普斯的一段亲身经历。他回忆到,在他攻读芝加哥大学心理学专业研究生期间,有一次曾穿着休闲的学生服走在芝加哥海德公园社区的街头——

> 我的耳边充斥着各种各样表达"恐惧"的词汇。情侣们看到我时都吓得紧挽胳膊或是紧扣双手,有些干脆直接小跑到马路对面。那些原本正在侃侃而谈的人们,一看到我就变成了哑巴,一双眼睛呆呆地望着前方,只为避开我的视线,仿佛这是一种救赎仪式。
>
> 我假装对此视而不见,甚至还尝试着对那些被吓得魂飞魄散的路人们投以微笑并致晚安——这可太愚蠢了,因为我根本没意识到,我的存在本身对他们就是一种冒犯。

我很想表现得人畜无害，可是实在不知道该从何下手……于是我选择避开人群，移步到小路上，以免让他们觉得我在尾随他们……紧张感让我不自觉吹起了口哨，我这才发现自己的吹奏既纯净又甜美，还挺合调。就在那个夜晚，我一路走一路吹着披头士乐队的歌还有维瓦尔第的《四季》。然后我发现原本行动僵硬的路人们在听到我吹奏的乐曲后都放松了不少，有的人在夜路上与我擦肩而过时甚至还会露出笑意。

根据斯台普斯先生的描述可以看出，当时弥漫在海德公园街头上空的，正是由人种引致的一种负面印象。这种偏见认为，该片居民区的黑人男子普遍具有暴力倾向。而那些没有被贴上暴力倾向标签的群体在其他场合下同样可能会遭遇其他的偏见——比如数学能力不强等，从而同样陷入窘境。一旦进入充斥着刻板印象风险的环境中，他们就会意识到，只要稍有差池，自己就会被贴上对应的标签，进而遭受相应的对待。这就是刻板印象风险——一种在不同场合中由身份引致的不确定性。

不过，斯台普斯先生倒是通过吹奏维瓦尔第的名曲，发现了一个扭转刻板印象的好办法。话说这种行动起到了什么作用呢？这样做会改善他在路人眼中的观感，让他获得更多理解么？不大可能。但可以肯定的是，吹口哨的确改变了他的处境。而正是这种改变，生动地揭示了刻板印象风险的本质。斯台普斯先生凭借吹口哨这一举动，使自己成为一个与"具有暴力倾向的黑人男子"这种刻板印象有所区别的个体。他展现出对于白人文化，乃至"上流白人文化"的了解。路人们也许不知道他吹奏的是维瓦尔第的曲子，但至少能听出这是一种古典乐。于是，大家对他的印象便有所改观，将他看作一个有教养、有格调的人，而不是一个具有暴力倾向的黑人男青年，因为在街头吹奏维瓦尔第的举动与"具有暴力倾向的黑人男青年"这一刻板印象格格不入。就这样，人们在不知不觉间摘下了"暴力倾向"的有色眼镜，于是他看起来也就没那么吓人了。尽管还是不知道他姓甚名谁，但路人们已经不觉得他可怕了，所以他们言行举止中流露出的恐惧感便渐渐消散，而斯台普斯先生本人也就自在多了——刻板印象的风险就这样被消解于无形之中。从路人以及斯台普斯先生本人的行为变化中，我们可以对刻板印象的影响力窥见一斑——它吸吮着这个国度的历史养分而成长壮大，如同不断汇聚扩张的壮阔云层，笼罩在我们每个人的身上。

《刻板印象》讲述的正是生活于这一壮阔"云层"下的我们的各种亲身经历，以及我们的生活乃至整个社会是如何被"云层"中的一片片"云朵"所打磨和塑造的。

验证印象与制造印象：心理学实验告诉我们的事

假设你是一位运动能力正常的白人大学生，你受一所心理学实验室之邀参加一个测试，内容是在一个室内迷你高尔夫球场里完成 10 次挥杆入洞。而当你正在适应球场环境时，有人告诉你这次的高尔夫测试是一个名为"密歇根运动倾向测试"（MAAT）的标准化运动心理学测试的一项内容，旨在评估某人的运动天赋，那么你觉得自己的最终表现会如何呢？"测试的指标是'运动天赋'"这一信息会否对你随后的表现产生一定的影响呢？

几年前，由杰夫·斯通领衔的一群普林斯顿大学的心理学家就开展过这种实验，并且获得了非常有趣的发现：被明确告知测试目标的白人学生在实验中的表现远不如对该测试一无所知的白人学生。前者也同样努力，但是相比后者，他们平均要多挥 3 次杆才能完成任务。

为什么测试目标这一信息的透露会对学生们的表现产生打压呢？

杰夫和他的同事们将这个现象归咎于实验对象的白人身份。用本书的理论来说，这是由于在"对运动天赋进行评估"的设定中出现了一个由白人身份引致的"变量"。这一变量植根于一个社会中普遍流行的刻板印象，即"白人在运动天赋方面相对欠缺，至少比不过黑人"。在杰夫的实验中，被试者作为社会一员，肯定对这种偏见有所了解，他们未必认同这种偏见，但是如果让他们得知这场高尔夫测试的目标直指自己群体中的公认缺陷的话，那么不等测试开始，他们便会陷入极大的困扰。一想到他们在测试中的任何不利表现都会印证人们针对他们本人以及所属群体的刻板印象，他们便可能表现得情绪低落或是不够专注，从而使得最终成绩平均比不知情的测试者差了 3 杆。

上述关于白人运动天赋的刻板印象，以及对被试者表现不佳的恶意解读，与我童年时遭遇的"泳池限制"有所不同。它并没有对个体的行为施加直接影响，比如它并没有对被试者的挥杆击球加以额外限制或是设置物理障碍，但在这场高尔夫测试中，仍然出现了身份条件作用：如果他们表现不佳，那么他们便会印证或被视作正在印证这种令人不快的刻板印象；如果他们表现良好，那么便能逃过一劫——这就是被试者们必须承受的额外压力，而背后唯一的原因就在于他们是白人。这种风险无影无踪但却四处弥漫，时刻提醒着他们——倘若稍有差池，他们便会被当作"没有运动天赋的白人"（您可以从后文中了解到为何我和我的同事会将这种看不见的风险称作"刻板印象风险"）。

循着上述逻辑，杰夫和同事们展开了更多的探究。

如果"让普林斯顿大学的白人学生们了解到高尔夫球测试的目的在于评估运动天赋，从而使他们受到刻板印象风险的干扰，最终严重影响到测试成绩"这一逻辑说得过去的话，那么如果向普林斯顿大学的黑人学生告知同样的内容，他们的测试成绩应该不会受到影响才对，毕竟上述偏见并不针对黑人群体。而事实的确如此。杰夫和同事们又招募了一群普林斯顿大学的黑人学生，并按照与白人学生相同的流程又做了一轮实验，结果你猜怎么着？黑人学生的表现果然没有受到影响，就是说无论事前对测试目的是否知情，最终的测试结果都没有明显差异。

到此为止，我们又有了额外的证据证明，"测试运动天赋"这一信息会令白人被试者们联想到与之相关的刻板印象并产生精神压力，进而影响到测试结果。

然而杰夫和他的研究团队仍未止步。他们又设计了一个更加巧妙的办法验证他们的观点。

根据他们的逻辑，既然针对某一群体的刻板印象可以对该群体施加无形的压力（例如斯台普斯先生在海德公园社区街头的遭遇），继而影响到他们的具体行为（例如高尔夫测试），那么照理说也可以人为设定一项刻板印象风险，使其能够对黑人学生的高尔夫测试成绩产生影响。具体做法就是将测试目标与某种对黑人群体不利的刻板印象挂钩。这样一来，黑人被试者就会重蹈白人学生的覆辙，在测试过程中因急于摆脱针对自身群体的偏见而承受额外的压力，进而影响到临场发挥。

他们通过一个简单的测试验证了这一想法。他们在普林斯顿大学又招募了一批黑人和白人学生参加高尔夫测试，然后告诉他们本次测试旨在评估他们的"运动智商"。这一措辞上的改变产生了巨大的效用，现在轮到黑人学生局促不安了，因为他们的测试表现将会印证或被视作正在印证一个对于黑人群体十分不利的传统刻板印象——黑人的头脑不太灵光。于是乎，任何的一次推杆失误都会让他们觉得自己离"黑皮肤的傻小子"这一称号越来越近了。这种身份条件作用简直会压得人喘不过气，它所产生的强大精神干扰足以影响到被试者的最终表现。

接下来便是戏剧性的一幕了。这回，黑人学生们在刻板印象风险的干扰下，表现远逊于白人学生，平均多花了4杆才能够完成测试。

在这场高尔夫测试中，无论是针对白人的"运动天赋"抑或针对黑人的"运动智商"，都充分展示了身份条件作用的巨大影响——它并不像"泳池限制"那样直接限制具体行为，而是释放一种无形的压力，即高尔夫测试成绩将会印证或被视作正在印证那些针对自己所在群体某种特征的刻板印象。这种风险同样不可小觑，比如它可以令那些受其影响的白人或者黑人学生们足足多花费3到5杆才能完成一项通常只需22到24杆便可完成的测试局。

无形的刻板印象风险乍看之下并不打眼，然而当你再次审视它时，你就能发现它是一抹挥之不去的阴影，长期笼罩在我们的日常生活中。每当斯台普斯先生走在社区街头，每当白人运动员踏入赛场（尤其是在与黑人同场竞技的时候），他们都要与这种风险进行斗争。试想在某些有大量黑人参与或由黑人主导的运动项目（譬如美职篮）中，白人运动员如果想要表现得更好，那么他在整个运动生涯中都必须与这种由人种特征所引致的额外风险死磕到底。偶尔一两次的出色表现并不足以消除偏见，而想要彻底颠覆它则更是白费力气，它永远不会缺席你的下一场重要比赛。

本书的目的不在于将刻板印象风险描绘得多么强力而又坚不

可摧。与之相反的是，本书旨在揭示这样一种易被忽视的现实因素，探讨其在某些棘手的个人和社会问题中所扮演的角色，并相应地提供一些降低风险和改善问题的可行性建议。

偏见与机会：我们对世界的了解是局部的

现在，又一轮心理学实验开始了。这次不打迷你高尔夫，也不测试运动能力，而是在一场限时的标准化测试中解答各种数学难题，而"数学能力欠佳"恰恰是社会上对你所在群体（说白了就是"美国女性"）的刻板印象，情况又会如何？

这种由性别特征所引致的针对数学能力的刻板印象风险会否影响到你的临场发挥呢？你能够顺利化解这一风险，获得满意的测试结果么？抑或单单是应付紧张的限时测试就已经让你状况百出，实在拿不出额外精力去排除来自刻板印象的干扰呢？是否每次你在解答数学难题时，只要一有男同胞在场，你都会感受到这种身份带来的压迫感？这种针对数学能力的身份条件作用是否让你感到万分沮丧，以至于对一些与数学相关的专业和职业也避之不及呢？如果换作一个不存在这种负面印象的社会，那里的女性是否会承受这种风险呢？她们的测试表现会更好么？

或者我们换个前提，假设你现在参加的不是"密歇根运动倾向测试"而是美国大学入学考试（SAT），再假设针对你们群体的偏见不是运动能力，也不是单纯的数学能力，而是综合学术能力。那么，这种针对学术能力的身份条件作用以及相应的刻板印象风险会不会对你的考试发挥产生干扰呢？这种风险是不是通过制造焦虑的方式对你产生干扰，从而让你无法在应试过程中聚精会神？这种学术范围内的刻板印象风险会不会蔓延到其他领域，比如说课堂表现，或是与分属不同群体的讲师、教授、助教，乃至其他同学之间的融洽相处？这一身份条件作用会不会给身处其中的你带来巨大的挫败感，从而让你在选择生活和发展路径时刻意避开这些场合呢？

  本书的写作目的就在于向读者们展示过去20多年来，我和我的同事们对以上这些问题进行解构，并通过系统性的研究解决问题的整个过程。这一过程给人的感觉就像是在探寻未解之谜。而本书将试着模拟读者的第一人称视角，带领各位亲临解谜现场，去感受解谜过程中的每一次思考以及取得的进展，去体验刻板印象是通过哪些不可思议的途径影响我们的思维运作、抗压反应、不同群体间的紧张关系等。此外，还要介绍一些巧妙的策略以缓解这些效应，从而助力解决一些尤为棘手的社会问题。多年来我一直坚信，科学研究不再是堂吉诃德式的单打独斗，因此在书中我也会介绍许多从事该类研究的同行，包括他们的研究路径和成果。另外还有一些有趣的伙伴会在书中陆续亮相并讲述他们遭遇的刻板印象风险，这其中有著名的专栏作家、旅居巴黎的非洲裔美国人、来自北卡罗来纳州乡村地区的一位佃农出身的富翁、来自美国顶尖学府的精英学子，还有就读于美国人最向往的

K-12[①]学校的学生们。

虽然本书可能会涉及一些带有政治色彩的话题，但我和同事们已经尽力避免意识形态对本书及其研究成果产生干扰。对于社会心理学者来说，"人都是主观的"这一道理算是入门知识。生活环境和方式的千差万别，使得我们对于世界的观察和认知就有如盲人摸象，没有人能够做到全知全会，或是保持绝对客观。而这恰恰是科学存在的意义。科学无法清除偏见，但它可以通过拓展我们的阅历削弱偏见的影响，这就是我要一再强调的。我们在观点与实证之间的各种循环往复，都有助于化解偏见。更为重要的是，在不断求索的过程中，真理的"大象"也会逐渐显现出它的全貌，刷新我们旧有的认知和想象。我们的研究就是奔着这一目标而来。通过深入的探究而非先入为主的观念得出令人信服的结论，这是我特别喜闻乐见的，也希望读者在阅读本书的过程中可以感同身受。

这种不断探索的方式令我们的研究工作硕果累累，许多具有普适意义的结论和成果源源不断地涌现出来。正是这些发现（而非我最初的设想和臆断）令我真正确信，身份条件作用和风险在我们的生活中扮演着如此重要的角色。

我们研究得出的第一个通用结论就是，尽管我们都坚信自己是独立自主的个体，但大量证据表明，无论是在特定场合下的个

---

① 学前教育至高中教育的缩写，现在普遍被用来代指基础教育。——译者注

人表现，还是对职业和交友的选择，我们生活的方方面面都会受到与社会身份挂钩的各种变量的影响。试想一位世界级的白人短跑选手正站在奥运会 100 米预赛的起跑线上，邻道的是一名黑人选手。他俩同样是独立自主的个体，也同样面对着一马平川的百米赛道，但研究显示，在这种情境下白人选手若想取得好成绩，还需要克服由其人种身份引致的额外压力，而黑人选手则不必。

第二个被屡次验证的事实则是，身份风险及其危害在某些重大的社会问题中扮演着极为重要的角色。从长期阻碍和扭曲社会发展的种族对立、社会阶层分化、性别之间的成就差异等问题，到破坏社会关系的常客——族群冲突等问题，不一而足。

研究的第三大发现是刻板印象风险将通过影响精力分配乃至对大脑功能区进行精准激活等一系列传导机制对人体机能产生广泛的损害。目前对于上述风险的作用形成机制的研究已经渐渐取得了一定的共识。

最后，针对个人应当如何减轻上述风险给生活带来的冲击，以及社会应当如何降低上述风险在诸如学校或工作场所等一些重要场合中的影响等问题，我们提出了一系列的应对措施，而其成效是令人振奋的——证据表明，哪怕是用一些简单易行的小小改变减弱学校和教室里的刻板印象风险，都足以大幅降低那些不断给社会制造负能量的种族和性别间的成就差异。

上述研究成果令我更加确信，无论是对个人发展（比如取得成就，以及改善团队关系）还是对社会进步（比如建立"身份包容"型的文明社会，以及实现"机会均等"这一基本理想）来说，"身份风险"这一课题都是值得充分重视和深入探究的。本书所呈现的正是我和同事们在追逐这一信念过程中的所见所思。

那么，精彩的探索之旅即将开始。我们的第一站是——1987年，密歇根州，安阿伯市。

第二章 "负面标签"效应

旁观者视角：强调自己看见的，忽视自己看不清的

　　1986年春，当时我还是西雅图华盛顿大学的心理学教授，有一天我收到了来自密歇根大学的邀约函，他们希望我前去主持两项工作。其中第一项工作是继续从事社会心理学研究，正如我在华盛顿大学所做的一样，这对我来说是个喜讯，因为密歇根大学在社会心理学方面的研究工作一直处于全美顶尖水平。而第二项工作则是负责一个面向少数族裔学生的科研支持项目，我对此同样感兴趣，曾经正是借由对少数族裔学生教育相关的心理学课题的一腔热情，才让自己走上了社会心理学研究的道路。不过，负责这样一个学生项目的"实时运作"会否影响到我的学术研究呢？对此我还是有些顾虑，于是便对这个学生项目进行了两次走访了解。

　　我的第二次走访是在火热的七月末，迈步在安阿伯市的街头，如同置身蒸笼一般。这是一次具有决定意义的走访，让我了

解到这是一个非常庞大的项目，为超过 400 名学生提供咨询、辅导乃至理财等方面的服务。为了维持项目运作，他们还设立了一个专门的管理机构，其规模大到让我觉得即使用来管理一个三四万人规模的大学也不在话下。

这次走访让我迅速意识到，一旦接受这个项目就意味着我将无暇顾及学术研究，这有违我的初衷，因此我决定谢绝这份工作。不过这个项目仍然让我深受触动，当我坐在返程的飞机上整理思绪时，我意识到这个项目让我的关注点发生了改变。我仿佛透过这个项目看到了一场典型的美国式奋斗——一个为了实现不同肤色、种族、阶层等的和谐共处而努力的机构，以及麾下那么多勇担使命的教职员工。他们正在帮助那些不受重视的少数族裔学生们在这样一所要求严格的大学中高效完成学业。在密歇根大学 170 年的悠久历史中，像这样对不同种族表现得一视同仁的时刻不过短短 20 年而已。那一刻我意识到，自己的研究生涯和学术生涯也许将发生一个新的变化。

有两件事情促成了这一变化，其中之一便是对于"美国大学校园中少数族裔学生遭遇诸多学业困境"这一老大难问题的新思考。这次安阿伯之行让我意识到自己对这一问题的态度是明确的、非中立的。在探讨大学生的生活时，我因身为旁观者而自带了客观视角，因此如果让我去分析大学生遭遇学业问题的原因，我也会像大多数专家一样首先强调一下自己的客观立场，然后再从心理学家的"学术工具箱"里翻出大量的专业术语——自身禀赋、学习动机、自我期望、自尊意识、文化取向、教育观念、学术习惯、科研能力、家庭重视度等。

几年前，爱德华·琼斯和理查德·尼斯贝特这两位社会心理学家就指出，在研究诸如个人成就等个体行为时，选取的观察角度不同（是从观察者的客观视角出发的"旁观者角度"，还是从行为实施者的第一视角出发的"当事人角度"），所得出的结论也会大相径庭。他们认为，如果选取"旁观者角度"，那么我们的目光会落在当事人身上，并试图对他的所作所为做出解释，于是我们的视线和注意力便全部聚焦在当事人身上，从而忽视了正在与之互动的周边环境。所以我们脑海中的最终成像就是：当事人在"画面"中清晰得近乎扎眼，而与之互动的周围环境却糊成了一片。琼斯和尼斯贝特表示这一"画面"的出现会让我们对当事人的行为所做的解释显得有失偏颇。我们只会不断强化那些被纳入眼帘的内容，即当事人自身的某些性格、特质等，然后再用它们做出一些似是而非的判断。而那些真正导致行为发生的原因，譬如那片模糊不清的周边环境等，却被我们直接无视了。在我的第二次安阿伯之行中，我终于意识到了这一显而易见却又被长期忽略的问题。我当时正是从旁观者的角度出发对少数族裔学生的学业问题进行研究的。我下意识地去关注学生们的学业问题究竟是由他们的哪些举动或者哪些性格特征所导致的。

但当我与这些少数族裔学生们进行交谈时，他们却从未提及什么"自我期望""学习动机""家庭的教育观念"等字眼——

即使在我的刻意引导下，他们对此也没有太多话说。事实上，他们对就读于这样一所顶尖的名校感到无比自豪，他们的家庭同样以此为荣，他们在高中时期就表现得出类拔萃，而且看上去他们也不像那种自我期望不高的佛系青年。相比之下，他们谈论更多的倒是学校的环境，以及自己作为少数群体的身份。他们希望拥有一个理想的空间，可以不必再为身为少数群体而介怀。他们担心自己的身份会令助教、同学乃至其他的教职员工们对他们的学术能力另眼相看。他们向我吐槽社交活动中的肤色、种族和阶级区分，令他们被孤立在其他族群之外。他们觉得黑人的风格品位和兴趣爱好在校园中越来越被边缘化甚至污名化。他们也注意到甚至在教职工队伍中，黑人和其他少数族裔都寥寥无几。当然，他们这么说也有可能是在为自己的学业不佳而寻找借口，我也吃不太准，但他们在向我倾诉时，都表现得非常真诚，态度也比较实事求是，而非一味怨天尤人。尤其是他们看上去都充满焦虑，像是在怀疑自己当初选择来此深造会不会是一场美丽的误会。

　　第二件震撼到我的事情就是，校方向我展示了一张毕业生成绩图表，我一眼就从中看出来一个重要问题——密歇根大学的黑人学生的确存在学业问题，但这些问题并不能完全归咎于科研能力和学习积极性不高。那张图表按照入校时的 SAT 分数高低对学生进行分组（这是多年以来的常规操作），然后计算每一组学生毕业成绩的平均值，从而展示了入校时 SAT 成绩处于

1000—1050 分数段、1050—1100 分数段……直到 1550—1600 分数段这一顶部区域的各组学生的学业情况。这一图表表明，SAT 分数与学生的毕业成绩呈现出一个温和的正相关趋势，即入学时 SAT 分数越高的学生，毕业成绩也越好。这是说得通的，因为 SAT 考试本来就是对大学学业表现的一种预估。唯一令我稍感意外的是，那张图表所呈现出的趋势看上去有点儿偏弱。

接下来的另一样东西着实让我吃了一惊。原来那幅图中在同一坐标轴上，还绘有一条专门反映黑人学生成绩情况的曲线，这条曲线表明，黑人学生的 SAT 分数同样与其毕业成绩正相关，这当然也在意料之中，但令人诧异的是，这条黑人学生的成绩曲线的位置始终比反映全校整体情况的主线要低，也就是说，黑人学生的毕业成绩普遍比同一 SAT 分数段中其他学生的成绩要差，即便对于入校时 SAT 分数处于顶尖水平的黑人学生来说也是如此。如果说 SAT 考试能够大致预估出学生今后从事大学学术研究时的基本素养，那么我们可以推出一个戏剧化的结论：假定同一 SAT 分数段的学生都具有相近的学术能力，那么相较同一能力水平上的其他学生来说，黑人学生的学术成就明显偏低。看来似乎有什么因素对黑人学生的学业表现产生了消极影响。

就这样，安阿伯之行让我发现了问题，也给了我一些启示。铁一般的事实证明黑人学生的学业问题绝不仅仅是学术能力造成的，这里面很可能掺杂了某些社会和心理因素，但具体是哪些因素，我暂时还没有头绪。不过可以作为佐证的是，那些问题学生们普遍对自己在密歇根大学的存在感和归属感表示不安。马丁·路德·金曾对综合学校里的黑人学生是否能够始终获得关爱表示过担忧，而眼下的这群学生同样对此忧心忡忡。坐在返程的飞机上，我一直在思考，黑人学生对于归属感的忧虑与他们的学业表现之间是否有所关联呢？

无形力量的幽灵：影响表现优劣的根源

一年后，密歇根大学再次向我递来橄榄枝，这次的职位不涉及行政管理，只需安静地做一名心理学教授就好。这当然很对我的胃口，一想到今后将会与各种重大项目课题打交道，我便兴奋不已。

在家人的理解和支持下，我带着两个十几岁的孩子，举家搬迁到了安阿伯市。时为 1987 年秋，恰逢密歇根大学新学期开学以及橄榄球赛开赛。

几乎在同一时间，那张记录着黑人学生低迷成绩的图表再次与我不期而遇了。我被任命为学校的"少数族裔生源招募及维护委员会"成员，随后，在委员会的初次见面会上，我拿到了一份材料，其中就包括那张反映黑人学生学业问题的图表，而寻求这一问题的解决之道，正是该委员会设立的主要目的之一。

于是我便开始与密歇根大学的另一位心理学教授——理查德·尼斯贝特（就是前文提出"旁观者－当事人角度差异"的两

位教授之一）探讨起黑人学生的学业问题。尼斯贝特教授表达能力很强，而且言之有物。他擅于运用讨论的方式对研究课题加以描绘，并对各种相关问题进行梳理整合，形成系统性的表述。他在研究某个问题时，一般会先从观察它对现实生活的影响入手，随后开展走访和电话访谈，同时广泛查阅资料、搜罗信息，并在此基础上构建出一套理论模型。最后他会通过规范性实验对理论模型进行验证，并进一步分析它的运作机理。受到这套研究模式的启发，我改变了自己遇到问题便一头钻进实验室里埋头苦干的常规做法。

我不断地与学生们进行交流，甚至还开办了一场以"走出学业困境"为主题的研讨会。我清楚地记得在那场研讨会上，学生们还展示了一个惊人的发现。他们在校园里对路过的黑人和白人学生们展开随机的问卷调查，希望了解到受访者拥有多少非本族群的朋友。受访者需要在一份四五页纸的调查问卷的首页写出与自己关系最好的 6 位朋友，并在卷末列明他们的种族（这样设计是为了避免受访者在一开始填写好友列表时将种族因素也一并纳入考量）。这次的调查结果显示，无论是白人还是黑人受访者，他们的 6 名好友中与其分属不同种族的朋友数量平均下来连一个都不到。以黑人受访者为例，平均来看，他们的 6 位好友中白人的数量是 0.67。这果然跟之前学生们向我吐槽的一样，他们的社交圈的确是按种族来划分的。

接下来我开始研究学生的成绩数据，想了解一下黑人学生的低迷表现在各学科间的普遍程度。结果发现这种现象无处不在，从英语到数学再到心理学，都是如此。这对于密歇根大学来说显然是一大遗憾，但可以让校方聊以自慰的是，我很快便发现黑人学生成绩偏低的情况在全国范围内都普遍存在，无论是综合性大学，还是医学院、法学院、商学院，乃至 K-12 学校，无一例外，可以说这是整个教育系统中的常态。它是如此寻常而又毫无悬念，几乎是放之四海而皆准。而那些从事测评工作的业内人士们对此早已司空见惯，而且他们还知道这种低迷表现并不是黑人学生的专利，对于拉丁裔学生、美洲原住民学生，以及高等院校数学系、法学院、医学院、商学院中的女性学生来说，成绩不好也算是家常便饭了。

在此请先允许我做一个悲伤的表情。起初我会主要从旁观者的角度出发，对这种现象做出多种解释。比如这些学生在面对那些容易拉开分数差距的进阶课程时缺乏足够的斗志或是学习技巧，抑或来自家庭、社区和周围文化环境的消极影响消磨了他们的自尊和进取心，让他们变得有些自暴自弃等。上述解释可能算不上完美，但至少也说得过去，所以我不会排除这些可能性。但是光凭以上这些就足以解释为什么黑人学生的低迷表现会普遍存在于那么多不同类型、不同级别的教学机构内的不同群组中吗？我对此表示怀疑。

另一个挥之不去的疑惑是，黑人学生的糟糕表现可能与这一群体在校园中的经历有关，而且这种关联度可能大到超出我们目前的认知。黑人学生们究竟受到了何种打压，以至于陷入持续的低迷状态，即使是该群体中最优秀的学生也无法幸免？我感觉其中一个重要的原因可能就是一股来自校园的无形压力。

边缘化与归属感："努力努力再努力"的诅咒

几年后，我受邀前往西北大学，在该校一所规模不大但颇有名气的人文学院作演讲。其间，校方不失时机地向我咨询有关如何帮助少数族裔学生取得进步的问题。这里所说的少数族裔，在 20 世纪 90 年代时基本上指的就是黑人。此后数年间，我也一直常常外出走访和参与研讨。坦白说，每次这样的出访都是收获之旅，我总能从中得到许多启发，从而对解决一些曾让自己百思不得其解的问题带来莫大帮助。

西北大学之行是一次相当有趣的经历。我如同走马灯一般依次与黑人学生、教职员工以及学校管理层进行交流，仿佛置身于一个巨大的万花筒。

学校的管理层和教职员工均对黑人学生的状况表示担忧：糟糕的成绩、居高不下的辍学率、随着课程不断深入而持续走低的事业心、对涉及定量研究的学术内容的刻意回避、不太合群的校园生活、明显与外界割裂的朋友圈……这一长串的问题清单与密歇根大学"少数族裔生源招募及维护委员会"所总结出来的几乎一模一样。

我与校方人员的交流是在一个浅棕色格调的精致会议室里进行的。明媚的春光透过宽大的落地窗扑面而来，而窗外则是一幅"晴风吹暖枝头雪"的淡雅景致。我们的谈话氛围既温馨和睦，又不失严肃认真，这些因素最终促成了一次开诚布公的交流。这所名校的管理者们个个都是公务缠身，他们不光要操心黑人学生的问题，更要全力维持学校的顺利运转，希望每个人都能从中受益。

　　总的来说，校方还是主要从旁观者的角度去理解问题。他们反思的是招生环节是否出了问题，入学考核时是否应当进一步侧重于学术能力，是否要将家庭背景纳入考量，等等。他们并不知道黑人学生的低迷表现是全国性的普遍现象，更不可能从中领会到黑人学生的问题并非只是学术能力的问题。在与学校管理层和教职员工座谈的过程中，我敏锐地觉察到，就在屋内的某个角落中，有一团无明业火正在蠢蠢欲动。这是一团种族主义的火焰，它很可能会引发人们自觉或不自觉的种族歧视行为，以及对此类行为的姑息和放任。不过，作为校方来说也并不敢太过靠近这团火焰，以免被其反噬。在这种情况下，他们便寄希望于我的专业意见——"您能替我们出出主意吗？"。

　　相比之下，我与黑人学生们的交流环境就没那么高大上了。我们的谈话场所设在教学楼一层的学生服务中心兼会议室内。这是一间狭长的屋子，虽然经过改造，但仍然显得低矮而又逼仄，因此谈话现场拥挤不堪。我数了下，大约来了 75 名黑人学生，考虑到这样一所规模不大的学校中黑人学生总数比较有限，因此这样的一个参与度算是非常高了。学生们虽然也很希望倾听我的意见，不过更多时候是他们自己在掌控麦克风。他们希望能借此机会将自己在学校的遭遇和压力一吐为快，他们坦言自己在这里基本上没有什么归属感，并时常感到万分沮丧，因此他们往往一到周末就逃回家里——"您能替我们出出主意么？"。

黑人学生们不时提到校园中还存在一些可能会助燃种族主义火焰的元素，譬如他们与助教之间的小过节，或是老师和其他同学对他们的议论等。随着谈话的进行，我开始试着站在他们的立场上，从"当事人"的视角出发来看待问题——我感觉让这些学生们饱受困扰的，与其说是特定的几个种族主义者，倒不如说是这种构建于种族主义地基之上的校园生活。

举例来说，黑人学生感到自己被边缘化，他们是校园中的少数派。校园文化是由白人主导的。白人定义了什么是"自我"、什么是"酷"；白人引领了主流价值观、社会规范、个人偏好、衣着风尚、审美标准、音乐潮流，甚至宗教信仰等。白人的数量在校园里占据压倒性的优势，客观来说他们也是最早与大学校园建立起相互认同的群体。在这样的大背景下，黑人学生们对"如何自处"以及"如何立足"产生担忧，也就不足为奇了。在这种大环境下，他们还能够体现自我价值、获得社会赏识么？造成这种边缘化的一个重要原因就是悬殊的人数对比，毕竟白人对于校园文化的主导，很大程度上归功于他们的人数优势。

种族观念的影响显然也波及日常的社交和生活，这让身处其中的黑人学生们尝尽了苦头。举例来说，85%的美国人是通过熟人推荐而获得就业机会的。那些只接纳相同人种的社交圈必然会带来信息壁垒，从而隔断了很多人接触到某些重要工作机会的渠道。此外学生们还提到学校管理层和教职员工中黑人数量也寥寥无几，这仅仅是个巧合么？上述现象是否也是造成黑人学生归属感低下的原因呢？

社会学家威廉·朱利叶斯·威尔逊曾对美国北部城市中出现并长期存在着大规模非洲裔美国人贫民窟的现象进行过研究，他认为贫民窟的存在是由多种因素发生聚合作用的结果，其中包括黑人长期以来形成的自南向北的迁徙习惯、公立学校的数量和教学资源欠缺、雇主搬离市区或迁至国外（造成失业）、职业歧视、地理位置和社会环境的孤立等。这些因素并不是孤立存在的，它们还会产生叠加效应，用哲学家查尔斯·米尔斯的理论来说就是使贫民窟的黑人们发生"劣化"，逐渐沦落为"笨手笨脚"的代名词，进而陷入更加不利的境遇。

在窗明几净而又欣欣向荣的大学校园里并没有贫民窟的存在，而那些可能"劣化"黑人的因素在校园里也不大常见，或者说表现得没那么明显。相比之下，黑人学生在校园中遇到更多的还是工作机会的缺乏以及形形色色的歧视。不过根据学生们的描述，我感觉他们的低迷表现是由诸多因素叠加作用的结果，而长期以来关于这一问题的主流解释则是有失偏颇的。我认为不能将黑人学生的低迷表现完全归咎于某些教职员工或者其他同学的种族主义行为，因为学生们向我描述的那些可能带有种族主义色彩的案例只能算是个别现象，不足以解释黑人学生低迷表现的常态化。同样地，我们也不能一味甩锅给"学习动机或文化素养方面的缺陷"，要知道眼前这些学生可都是他们族群中的"学霸"，是从最严格的学术能力测试中脱颖而出的佼佼者啊。我的直觉告诉我一切都是由一股叠加效应，即校园生活中诸多带有种族主义色彩的元素（包括种族排挤、社交和学术圈的割裂、在学校重大事务方面话语权微弱，甚至课程选择权上的区别对待等）交织在一起，综合作用的结果。事实上，这些综合因素的叠加作用，从某种程度上也可看作整个社会大环境中种族制度的一个缩影。

我的这一直觉看上去还是挺靠谱的。不过正如之前提到的，与"失业"或者"教学经费失衡"等一些可以量化的具象概念不同的是，我所列举的那些因素都属于社会组织学的范畴。它们究竟能造成多么严重的后果？这些影响真的大到足以对黑人学生（尤其是那些在逆境中愈挫愈勇的学生）的学习成绩产生实质性的干扰吗？

恶魔教室：《暴风之眼》歧视现象实验

1968年4月4日这一天，马丁·路德·金不幸遇刺。翌日，在艾奥瓦州赖斯维尔镇，一位名叫简·埃利奥特的三年级教师想要在班上展示马丁·路德·金的传奇生涯和他的重要贡献。不过这个农业小镇上的人口构成非常单一，很多学生甚至从未见过黑人。因此，为了让学生们体会到被歧视的感觉，埃利奥特老师就将班上学生们人为地划分为"蓝眼睛组"和"棕眼睛组"。接下来的第一天，埃利奥特老师对"棕眼睛组"采取了各种歧视手段，她让"棕眼睛"们戴上毛领子以提高辨识度。然后她开始宣称"蓝眼睛"们比"棕眼睛"们更加聪明、更讲卫生，表现也更乖；她让"蓝眼睛"们坐在教室前排听讲，并允许他们在课间优先使用操场器械；她鼓动"蓝眼睛"们无论在课上还是课间都要和"棕眼睛"们保持距离；她还将教学内容和教材优先分享给"蓝眼睛"们。此后，美国广播公司在其摄制的一部名为《暴风之眼》的纪录片中将这一幕予以情景再现。

尽管纪录片中播放的只是复刻的内容，但我们还是能够发现"棕眼睛"们的脸上写满了沮丧。看到这里你就会意识到这种操作绝不可以多次进行，因为这会使得幼小的心灵饱受屈辱。画面中的"棕眼睛"们在操场上蜷作一团，面对镜头的时候会刻意将领子竖起来遮住脸，他们在课堂上噤若寒蝉，一整天下来都没太说过话。与此同时，"蓝眼睛"们却一个个气定神闲、笑容可掬，一副悠然自得的样子。

到了第二天，埃利奥特老师的态度发生了180度的反转，她把毛领子戴在了"蓝眼睛"们的脖子上，然后将前一天对待"棕眼睛"们的套路，原样照搬在"蓝眼睛"们身上。"蓝眼睛"

们顿时化作了泄了气的皮球，他们将"棕眼睛"们前一天的各种颓废沮丧又重演了一遍。而"棕眼睛"们则恢复了往日里勤奋好学的模样。

令我非常感兴趣的是，这部有关埃利奥特实验的纪录片中的许多片段都是反映学生学习能力变化的内容。比如说有些场景展示的是埃利奥特老师在算数和拼写课上进行分组教学时的情况，那些被贴上负面标签的孩子们在课堂上表现得一塌糊涂。他们总是一副心不在焉的样子，而且从不主动发言，他们把老师的讲课当作耳旁风，反应各种迟钝，回答问题也是错漏百出。不过当第二天他们被摘掉毛领子的时候，他们又恢复了朝气蓬勃的样子，对知识的掌握也熟练了很多。如此看来，学生们所处的环境以及自身地位对于他们的学习能力有着至关重要的影响。

埃利奥特老师在实验期间对学生们进行了刻意的打压，是为了对"歧视"这一概念加以诠释。但对于我之前走访的那些大学来说，他们根本不想表达歧视，更无意"劣化"黑人学生，相反，他们认为自己一直都为了让黑人学生们更好地融入环境而操碎了心，更是被由此引发的一系列问题搞得一头雾水。不过根据我对于黑人学生学业问题的多年研究，加之一路上与无数学生进行的深入交流，我领悟到两点：首先，美国的许多高等学府在管理模式上保留了社会大环境和自身发展历程中的一些可能导致黑人学生备受打压的因素，而这些重大因素却并不像传统方法论中的"偏见""种族主义"或是"自身缺陷"等原因那么容易理解；

其次，上述负面因素可能会直接或间接地影响到学业表现，也就是说，它们可能就是导致学业不佳的重要诱因。

冷眼对待：负面标签效应的安全模式

在密歇根大学工作期间，有一位名叫史蒂文·斯宾塞的研究生（现为滑铁卢大学著名教授）曾与我一起共事。史蒂文出身于密歇根的农场，他是一个精力充沛而又热情洋溢的小伙子，工作起来非常投入。他喜欢探讨心理学话题，他的思维敏捷而且观点犀利。我们曾经一起研究过这样一个课题，即人应当如何保持自洽感，并在面对外界干扰时不为所动？对此，我们总结道：对自洽感的追求是精神生活的主要动力，它有助于重新审视自己的信仰和理念，重新解构对事物的看法，往往还能促进个人成长。我们对于这一系列问题的理解，经归纳梳理后形成了一套"自我肯定"理论。

"自我肯定"理论以及另外一个干系不大但同样有趣的理论（即"酒精致瘾过程中的药理和心理学机制"）都是我在华盛顿大学工作时的研究重点。它们是如此充满魅力，直教人乐此不疲。我和史蒂文以及另外一位研究生罗伯特·约瑟夫（现为得克萨斯大学著名教授）一道，在这两项课题的研究中取得了巨大的成效。

不过当我供职于密歇根大学时，出于种种原因，我开始沉迷于对少数族群学业问题的研究工作。我时时刻刻都把这个话题挂在嘴边，终于有一天如愿以偿地将史蒂文也拉上了这条"贼船"。

虽说科学本身是严肃、一板一眼的，但科学探索的过程却是一门选择的艺术。探索之路上的分岔口通常是没有指示牌的，研究者需要独立思考下一步该何去何从。这时候，你就必须倚重"直觉"和"猜想"这两位帮手。对于究竟谁才是导致"低迷表现"的幕后黑手，我最强烈的预感就是所谓的"负面标签"效应，也即涉事群体在学校环境中所遭遇的"劣化作用"。当然，低迷表现也可能是由族群内部的一些因素造成的，不过我个人更加偏向于"负面标签"效应，我得承认我比较不愿意将问题归因为族群之间的某些根深蒂固的生理性差异，因为在我看来这是一个令人沮丧的答案，而且从某种程度上来说缺乏人道。然而，黑人、拉丁裔、美国原住民以及数学专业中的女生群体中普遍存在着学业问题也是不折不扣的事实。那么这些问题会不会真的与这些群体的某些生理因素有关呢？这倒也不是完全不可能，不过我同样可以推测这些群体一直都受到负面标签的影响，这些负面标签形式多样，但万变不离其宗的是，它们都直指某一群体在特定领域的欠佳表现。这是一个合理的推测，不过也仅仅只是推测，所以我们要开始对其加以验证。

为了验证这一推测，我和史蒂文首先需要准备一个跟埃利奥特老师的教室类似的环境，然后我们要对比同一测试组在被贴上针对其学术能力的负面标签时，以及在将这一标签移除后的两种情况下，分别的学习表现——这就类似于对比"蓝眼睛"们在戴上毛领子、坐在教室后排时的表现与相反情况下的表现有何差异。如果测试组在被贴上负面标签时表现不佳，但在移除标签后有所改善，那么我们就有理由认为，"负面标签"这个长期被忽视的社会因素足以对学业表现造成破坏性影响。

随后我很快意识到，我们在自家后院，即学校教室里就可以开展这样一种自然实验，具体来说就是对比女性学生在以数学能力为基础的课程和以人文思维为基础的课程中的不同体验。诸多研究表明，女性在数学课上，尤其是在大学的高等数学课堂上经常会感受到她们的能力遭到质疑；不管她们有多用功，还是会由于自己的女性身份而被看轻，因此不得不反复证明自己；有时甚至她们的职业态度都会被拿来挑刺——用社会学家南希·休伊特和伊莱恩·西摩的话来说，她们受到了"冷眼对待"。然而在英语以及其他人文学科方面，即使是高阶课程中，女性也很少感受到这种压力。

我和史蒂文暂时还没把精力放在探究原因上，这个后文会再多次提及。目前我和史蒂文关心的是一个简单的问题：在目前条件下如何开展自然实验。

我们可以对比女性学生在受到"冷遇"并被贴上负面标签的高等数学课上，以及在"负面标签效应"相对较小的高阶英文课上的学习表现有何差异。这个实验非常简单，根据我和史蒂文的设想，如果"负面标签效应"能够拉低学业表现，那么女性学生们在高等数学课上的表现一定比在高阶英语课上的表现要差。也就是说，女生与男生之间的数学成绩差距一定会比英语成绩差距要大。

我们收集的样本数据并不全面（值得一提的是，为了保护学生隐私，我们在收集数据的时候用号码代替了学生姓名），因为本来参加高等数学课程的女生人数就寥寥无几，这其中又有一部分学生因提供不出 SAT 分数而无法对其分组，只能从样本库中剔除。

不管怎样，我们还是大致复刻出了简·埃利奥特实验的情境。女生们在自己被贴了负面标签的高等数学课上表现欠佳，而在高阶英语课上就比较正常。

在亲眼看到如此聪明勤奋的学子们在课堂中表现不佳时，我的心中难免有些伤感。不过至少我们从实验的结果中了解到了一部分的原因，受此激励，我们继续对负面标签与学业表现的关系开展深入研究。

不过，我们手头上的数据质量实在是令人发愁。同时我们也清楚我们的实验结果也可能用其他理论解释，比如可能男生对于英语的学习兴趣不像对数学那么大，所以他们在英语课上的成绩没有与女生拉开距离；又或者英语课程的难度本身就比数学低，所以无论男女都可以取得好成绩等。总之在真实的大学环境中，很多因素都有可能成为影响因素。

因此，我们还得设计一个更加精准的实验，验证负面标签效应是否会拉低学业表现。很显然，如果这个效应的确存在，那么它应当可以被重复验证。如果我们可以在实验环境中观测和控制这一效应，那么我们的实验过程便可以解答其他一系列重要问题：有哪些因素会加剧这一效应？负面标签效应影响学业表现的作用机制是什么？哪类人群对这一效应更加感冒？所有被贴上负面标签的人群都会受到不良影响么，还是仅仅部分人群如此？除了学业表现之外，这一效应还会作用在其他领域么？这一效应仅仅出现在挑战性较高的活动中么，还是在那些难度不大的事情中也会发生呢？最后也是最关键的问题——我们该如何消除这一效应的影响？

我们的研究方法是，在实验环境中模拟数学和英语课程的学习。我们构建了一个简易的环境：首先在校内招募男女志愿者数名，相关的标准是，原则上只招募大一或大二的学生，数学能力优秀，入校时 SAT 排名在前 15%，两门微积分课程的成绩在 B 以上，他们还需表明自己在个人发展和职业规划中都极为重视数学学科的学习。如此一来我们便得到一组学术底子相近、致力于数学研究且数学能力出类拔萃的实验样本。随后我们将这些学生带入实验环境，让他们轮流在一个小房间里独自完成一份高难度的试卷，每次仅限一人。

以上就是本次实验的核心内容。当然，在测试过程中我们会对半数的参与者施加直接或潜在的负面标签干扰，而另一半测试者则不受干扰。

我们对真实的教学场景进行再度模拟，我们将测试题目按照数学和英语加以区分，安排一半的学生参加数学测试，内容是 GRE（美国研究生入学考试）中的数学题，限时 30 分钟；另一半学生参加英语测试，内容是 GRE 中的英语语言文学题（这对于相关知识的积累要求极高），限时也是 30 分钟。需要说明的是，这些数学和文学题目均选自 GRE 考试中难度较大的专项测试部分，而非通用测试部分中的那些一般性的数学和文字问题。

我们的逻辑是，由于存在着针对女性数学能力的负面刻板印象，因此女生们在参加高难度的数学测试时将面临负面标签效应的潜在影响，担心自己的表现坐实了"女性数学能力有限"的看法。尤其是当她们遇到解题困难时，这种焦虑感会自然而然地加重。

而相比之下，并没有什么刻板印象是直指男性群体数学能力不佳的。虽然我们在测试中也发现了男生被难题卡住的情况，但通常这只会被解释为个体情况，没有人会将男生数学不好的原因归咎于他们的性别。

同样的道理，在英语语言文学的测试中，理论上说无论男生还是女生群体都不会受到负面标签效应的影响。尽管我们还不太确定社会上是否存在着某种针对男性文学水平的偏见，但总的来看，这两个群体在英语语言文学方面的能力并没有受到明显的负面标签影响。

于是，我们便将本来需要在实际生活中进行的现场实验照搬到了实验环境中。如果说戴上"毛领子"——也即针对群体的负面标签便足以干扰到学习表现,那么在数学测试中,女生因可能受到负面标签效应的影响,所以成绩预计比男生要差;但在英语语言文学测试时,因为双方都不受负面标签的影响,所以应该成绩相当。结果一看,果然是这样!

虽然我们目前还不能用这一结果来证明什么,因为对于学术表现差异的成因并不止一个可能的解释(这一点随后我会详细展开),但我们仍然大为振奋,因为我们成功地在实验环境中映射出了一个现实生活中的现象,并且这个映射的副作用更小,参加者只需要接受测试就好,而不必(像埃利奥特实验中的孩子们一样)额外遭受一些奇怪的对待。此外,在测试结束后,我们还会跟他们进行事后总结及释疑,从而帮助他们在今后的生活中更好地应对相关的压力。所以我将我们的实验称为埃利奥特实验的"安全模式"。我们可以从中近距离观察负面标签效应对学业表现的潜在影响,探究这一作用的运行机制,进而设法降低这一影响。

"第二点猜想":女性数学能力实证测试

虽然我们坚信,女生在数学测验中表现欠佳的原因是她们在负面标签的影响下背负了要为自己正名的沉重压力。然而出于严谨考虑,我们不能排除的确还存在另外一种看起来合情合理,起码是极具干扰性的说法，即女生们的成绩欠佳可能恰恰印证了女性在数学能力方面的天生不足，只不过这种不足在她们面对高难度测试的时候暴露得更加明显而已。

在 20 世纪 80 年代早期，心理学家卡米拉·本博和朱利安·斯坦利曾围绕"数学学习中的性别差异"这一课题展开了一系列的大型研究，并将相关的成果发表在象征着学术权威的《科学》杂志上。有趣的是，他们的研究模式与我们的有着异曲同工之妙。他们的思路同样是选取数学能力很强的学生，具体来说，他们挑选的是八年级的男女学生，他们处于同一课程进度，并且数学成绩在针对八年级的标准化测试中名列全校前 3%。然后他们也让这些孩子参加数学测试，测试题目则来自 SAT 考试中的数学部分，这对于八年级的孩子来说显然是非常困难的。他们的实验结果也与我们的类似，即女生的成绩明显低于男生。鉴于这些孩子们在接受测试前都经过了严格的挑选以确保他们在数学能力和学习进度方面处于同一水平，本博和斯坦利于是不得不做出一个艰难的论断：女生的成绩欠佳或许证明了女性在数学能力方面存在某些生理缺陷，而这些缺陷在她们面对难题时便会充分暴露出来。

我们的社会总是乐于将各种问题的原因归咎到基因层面，从酗酒到多动症，再到幸福感等。将数学成绩上的性别差异以及我此前提到过的运动表现上的种族差异等统统归结为基因问题，看上去是如此地顺理成章，而我们又是如此地趋之若鹜。一个真实的案例是，2005年1月，麻省理工学院举办了一场题为"女性在科学界的地位"的研讨会。会上，时任哈佛大学校长的劳伦斯·萨默斯在演讲时提及：

> 无论是本次会议上发表的论文，还是相关的历史文献都显示女性从事高端科研工作时的表现（与男性相比）存在明显差距。对于个中原因，我做了以下三点设想：第一，从事高端科研工作需要承受极大压力；第二，天资差异在高端科研领域体现得更为明显；第三，研究过程中出现了一些社会性因素以及歧视。而以上排序同样也体现了我对于三者重要程度的理解。

正当萨默斯校长滔滔不绝时，麻省理工学院的著名生物学家南希·霍普金斯突然起身离场以示抗议。随后现场嘉宾开始针对萨默斯抛出的所谓"第二点设想"究竟居心何在展开激烈的争论，场面顿时陷入一片混乱。数小时后，媒体开始介入报道这次骚乱，同时对萨默斯演讲时在场的与会者们进行了采访。接下来的几天中，大量的报纸专栏、电视报道、广播脱口秀、时事评论节目等都对萨默斯的演讲以及由此引发的支持者和抗议者之间的论战予以了高度关注。很快便出现了要求萨默斯校长辞职的呼声，哈佛大学内部的抗议活动在持续了数周乃至数月的时间后势头仍然不减。同年3月15日，哈佛大学文理学院的师生以218

票对 185 票通过了对于萨默斯校长的不信任投票。虽然在哈佛董事会（掌控哈佛大学的决策层）的力挺下，萨默斯勉强顶住了这次不信任投票的压力，不过仅仅过了一年，为了避免再次遭到不信任投票，萨默斯最终还是选择了辞去校长职位。与此同时，他就任期间的其他一系列问题也开始陆续曝光，进一步加剧了大众对于其领导能力的质疑，不过大家公认的是，导致萨默斯下台的导火索主要还是他在那场演讲中轻描淡写地提到的"第二点设想"，也即在数理科研成果方面呈现的性别差异本质上来源于不同性别在数学能力上的基因差别。

我和史蒂文当然不会支持用基因原因解释数学能力上的性别差异。我们坚持将造成这种差距的原因更多地归咎于"负面标签"这一长期以来被严重低估的效应。不过我们也很清楚，在萨默斯校长的闹剧发生以前，基因观念就早已渗透在我们的文化血液中。同时，对于我们的实验结果来说，基因原因的确是一个可能的解释。因此我们必须对它有所提及。

对于我们手上这个还处在萌芽状态的实验来说，现在到了一个关键的时刻。我们仔细挑选出了数学能力同样优秀的男生和女生，然而测试结果却显示女生的表现不如男生。对于这样一个经典的学术表现欠佳的问题，我们面临着两个截然不同但各有道理的解释。我们自己持有的观点是，在接受高难度数学测试时如果遇到难题，女生会担心自己的表现会坐实或者被别人视作坐实对于女性数学能力缺陷的偏见，这种担心转而会影响到她们的最终成绩。这就是我们对于负面标签这一"毛领子"是如何影响数学成绩所做的解释。

另外一种解释则非常简单直白，那就是女生的数学成绩欠佳是由女性自身因素造成的，比如女性心理素质脆弱，或者是与萨默斯的"第二点设想"类似的一些原因。

所以我们还需要通过实验证明究竟哪种解释是更可取的。将两个对立的观点摆到同一个实证检测中进行验证，这可以说是科学研究中非常有趣而又令人紧张的环节了。很显然，实证检测的质量越高，得出的结论就越明确。而一个明确的结论对于我们的这次实验来说意义深远，它将验证我们所做的早期研究是否真的触及了一个此前一直未被揭示的影响因素——一个由美国国内环境中的性别偏见所引致的身份条件作用。当然，也有可能结果只是证明了女性长期以来在数学方面的天生缺陷在高难度的测试中更容易暴露出来而已。由此可见这是一次充满风险的实验。

话说回来，我们应该如何开展实验呢？

我们在构思实验的过程中注意到了一些与我们所秉持观点相关的额外信息。我们认为，对于积极上进的女生来说，在面对高难度的数学测试时，她们会在刻板印象的影响下产生为自己正名的压力。而这种压力是在测试过程中普遍存在的，一旦遇到解题困难（这在高难度测试中几乎不可避免），那么当事人会在潜意识里将刻板印象的内容与自己的处境建立联系，压力便随之而来。这就意味着，只需要让那些对数学学习充满积极性的女生们接受高难度测试便可以让她们自然而然地感受到压力，整个过程无须借助任何外力。这在实验环境中如此，在现实生活中应当也是如此。

因此，设计一个高质量实验的难点不在于寻找某个外力用以在测试中对女生们施压，而在于如何采取额外措施摘掉女生们脖子上的"毛领子"，也即消除负面标签影响，从而缓解她们在测试过程中的压力。

如果在成功缓解压力后女生们的成绩有所提高，那么就可以反证她们此前的成绩欠佳就是由这种压力引起的。

不过应该怎样才能让女生们的压力得到缓解呢？

我们首先想到的是向她们宣传有关女性在数学能力方面的刻板印象是错误的。如果她们不再相信这种刻板印象，那么应该就不会刻意地想要为自己正名。但后来我们意识到，即使她们自己不相信这种偏见，我们也不能向她们保证普罗大众也都不相信这一套，因此她们可能还是会担心自己表现不好的话就会加深外人（包括研究人员）对她们的偏见。

在经历了又一番焦躁不安后，我们想到了一个简单的办法，那就是将社会对女性数学能力的刻板印象与数学测试成绩之间的关联进行切割。我们可以告诉女生们："你们可能听说过女生在参加高难度数学测试时的成绩不如男生好，不过情况在我们这儿就不太一样，在我们的特殊测试中，男生和女生的成绩通常都差不多。"（在正式的实验中我们大致也是这么说的。）

这一说辞非常简单，但是它却改变了女生们在测试中遇到难题时的心态。这时她们不会将遇到的困难与自己的女性身份联想到一起，因为这场"特殊测试"并不是在研究女性特质，或者说并不是在研究性别问题，所以她们正在以一个与男生平等的姿态参加测试。那么当遇到难题时，她们只会觉得是自己个人的数学能力还有待提高，而不会将困难归咎于自己的女性身份。

就这样，通过对测试说明做出某些改动，我们便可以成功地驱除掉那些在数学考场上广泛困扰女生们的基于性别的身份条件作用。

于是我们确定了实验方案。仍然是和之前一样的实验形式，我们在密歇根大学内招募数学能力优秀的男女学生，让他们依次单独接受高难度的数学测试，而为了让某个特定组别中的女生们不受负面标签效应的影响，我们会采取刚才提到的办法抹掉实验中的性别色彩。

如此一来我们便做好了万全的准备，终于可以在同一个实验场景中让两大对立观点进行正面交锋了！如果那些被我们从负面标签效应中解放出来的女生们在测试中的表现与男生处于同一水平，那么就说明负面标签效应此前的确拉低了女生们的成绩，因此这种压力会对女生们的数学成绩造成严重影响。但是如果在压力得到缓解后女生们的表现仍然没有起色，即如果她们的成绩仍然低于同水平的男生，那么就只能说明负面标签效应并不是一个决定性因素，我们此前的发现实际另有原因，可能是因为女性的社会定位，也可能是……萨默斯的所谓"第二点设想"。

在当前这个实验节点上，我和史蒂文还考虑不到更高层面上的意义，我们只知道这次的实验充满着不确定性，对此我们满怀激动，同时又紧张不已。

就这样，我们怀着忐忑不安的心情完成了实验，而实验结论则是确切而又惊人的。在明确知晓测试成绩存在性别差异的组别中，女生在负面标签效应的影响下，测试表现仍然弱于男生，这与先前的实验结果一致。然而，就在被我们特意提示测试成绩不存在性别差异的那个组别中，女生们不必承受为自己的性别正名的额外压力，而她们的测试成绩竟然和同水平的男生一样高了，她们的低迷状态消失了！①

毫不夸张地说，这些研究发现使得我们的整个科研生涯都发生了改变。这是我们所构建的"负面标签效应理论"首次得到实证研究的验证。实验证明负面标签效应的确足以影响到女性在数学学习过程中的普遍感受，尤其是在她们试图挑战自身极限、破解负面标签压力屡屡受挫的时候。这些发现同时也表明，女性在数学方面的弱势状况可能并非如人们想象的那般无可救药。其实只需要设法移除那些长期困扰女性的负面刻板印象风险，便可以

---

① 本次实验中最为接近现实生活场景的就是确信数学测试结果存在性别差异的那一组别的情况。在本次实验中，我们向该组内的成员明确告知了测试结果的性别差异，不过后续的实验证明这一步骤其实是多余的。即使在不被刻意提醒性别差异的前提下，女生们也会做出自行预判，所以她们在数学测试中的表现同样会弱于男生。

显著改善她们的数学成绩，正如在简·埃利奥特实验中，只需要摘除学生们的"毛领子"便可以改善他们的表现一样。

目前，我们对于以上研究发现还未能形成一套全面的解释，后文还会就此进行更多探讨。同时，我们对于这一成果的推广也持谨慎态度，譬如我们不能笼统地认为，只要移除了负面标签效应便可以解决所有数学学习方面的性别差异。毕竟参与我们实验的男女学生们都是经过精心挑选的，他们在数学能力和学习积极性方面都相差无几。然而现实生活中更常见的则是在能力和热情方面有千差万别的男女学生之间的比较，他们接受的教学进度不同、对数学的兴趣不同、在不同的成长阶段受到负面标签影响的程度也不同，因此我们可以在某些特定场合下通过移除负面标签效应改善性别差异，但这并不意味着这一药方可以包治百病。

除此之外，这次的实验成果让我和史蒂文更加明白，我们要继续努力，将这样一种可能对女性从事数学相关活动产生非常不利影响的重要现象剖析得一清二楚。

研究显示，随着女性在数学研究的道路上走得越发深入，她们就越发难以坚持下去。这其中有很多原因，譬如女性的社会角色定位、对女性从事数学研究的歧视，抑或是对她们数学能力的期待值较低等。而我和史蒂文发现了另一种可能的原因，即在不断挑战更加高阶的数学成就之路上，她们在打开每一扇新世界的大门前，总难免会经历一段黎明前的至暗时刻，而每当此时，她们便会越发担心自己的表现坐实了（或是被视作坐实了）社会针对她们数学能力的强烈质疑。这种内心的焦虑使得她们本就艰难的研究道路变得更加崎岖陡峭。

而正是这一发现改变了我们的研究生涯，也照亮了我们的前进之路。

不过必须承认的是，我们的观点并非主流。我们的研究成果来自一步一个脚印的调研，包括我与学生们的谈话、搜集分析反映学业问题的相关数据，以及我们开展的关于女性数学能力的实验等。这些调研内容看似零散，但却具有高度的内在一致性。即便如此，我们所提出的"针对群体（譬如针对女性数学能力）的刻板印象所产生的巨大破坏力，足以令拥有杰出数学能力的女生在数学标准化测试中表现欠佳，甚至还可能会动摇她们坚持数学学习或研究的信念"这一观点仍未得到广泛的认可。

我们研究成果的另一个独到之处在于，它明确指出刻板印象的影响即使在没有任何恶意（譬如没有任何心怀偏见的人士在场）的环境中也会存在。举例来说，参与我们实验的女生都是在房间里单独完成测试的，她们没有理由认为实验的组织者是在针对女性。不过她们对整个社会的文化环境一清二楚。她们了解在这样一种文化环境中，人们普遍认为男性的数学能力比女性强；她们也明白自己的测试表现很可能会印证这一观点。这些思绪串联在一起产生了叠加效应，使得她们的心情和注意力受到严重干扰，从而最终影响到她们的测试成绩。

还有就是，我们的研究成果并没有得到广泛的采纳。大量文献对"女性很难在数理科学领域跻身尖端行列"的原因做了各种剖析，但我们的观点却未被收录其中。我们也会利用各种会议的机会阐述这一不断完善的观点，大家对于"移除针对女性数学能力的负面标签效应便可以大幅提高女性数学成绩"的发现很感兴趣，至于我们对此的解释则显得过于另类而很难给他们留下深刻印象。而且他们会自行寻找原因，他们会问道："可不可以这样认为，女生本来对自己数学成绩的期望值就不高，而当她们被难题卡住时，她们的这种'低预期'就'自行兑现'了呢？"我们并不是没有考虑过这种可能性，但这种解释根本说不通，因为我们只会挑选那些在数学方面上进心很强的女生参加我们的实验，她们在数学方面一直表现不错，更重要的是当她们得知测试结果不存在性别差异后，同样是可以取得不错的成绩的。如果说女性的数学成绩不佳是因为在遇到解题困难时，她们对于自身的低预期便开始自行兑现的话，那么即使告知女生们测试结果不存在性别差异，她们的成绩也不会得到改善才对，然而实际情况并不是这样。

我们认为自己的理论是别具一格的。此外我们还意识到，我们目前的工作更多的还是在排除错误选项，但对于真实原因的探究做得还不够。仍然还有大量的问题有待解答。比如这种压力是通过何种途径对个人表现产生负面影响的？是通过损伤记忆力还是增加额外的认知负担，抑或是从心理层面产生破坏？它是否只会影响到那些在乎自己表现的人？它是否只会影响女性在数学方面的表现，还是说其他群体在其他场合中都有可能被影响到？通过付出更多努力能够克服这种压力，还是说反而会让情况变得更糟？学校和老师们是否可以做些什么缓解这种压力？对于个体来说，有没有什么办法能够实现自我解压？

我们会对所有这些重要的问题适时开展研究和解答，不过在目前这个时间点上，受合作条件所限，我的关注点又再次返回到少数族裔学生的学业问题上来。我们此前发现的影响女生数学成绩的因素会不会同时也是导致少数族裔学生低迷表现的重要因素呢？

第三章　刻板印象风险无处不在

合理归因：从青铜到王者的逆袭

说回 1978 年，当时我还在西雅图居住，那一年西雅图超音速队以一场之差与 NBA 总冠军失之交臂，不过到了第二年，他们总算夺冠了。坦白说他们在通往巅峰的漫长岁月中其实一直都表现平平，即便到了 1978 赛季，他们也是以 5 胜 17 负这样"谦虚"的姿态开局的。不久，俱乐部的管理层解雇了球队主教练，取而代之的是一位风华正茂的小伙子——此前曾经做过球员兼教练的兰尼·威尔肯斯。球队阵容方面，除了威尔肯斯转为教练外，没有发生其他人员变化。不想这次换帅竟然让球队迅速走上了胜利之路。球队在威尔肯斯的率领下一共取得 42 胜 18 负，以 47 胜 35 负的总成绩结束了常规赛。随后这支球队一路过关斩将闯入了总决赛，在总决赛第七场以 6 分之差憾负，差一点儿就拿了总冠军。仅仅是做出了一个人事变动，即让威尔肯斯接替教练，便使得整个球队脱胎换骨了。

一个很值得玩味的现象是球队发生逆转前后媒体态度的变化。在球队发生变化之前，当地的体育记者总是使用最差劲的词描述各位球员。他们指责得分后卫只会传球而不敢往篮下突破；大前锋在离篮框还有十万八千里的地方就急于投篮，而且连最简单的篮板球也接不住；中锋则像个木桩一样在场上一动不动，中距离投篮也是一塌糊涂。这些体育记者都是旁观者，为了说明问题，他们会根据自己的眼光解读球员以及他们的个性特点。毕竟每次球队失利后他们都需要在报道中编几条原因出来，因此把矛头对准球员们的各种缺陷不失为一个明智的做法。

随着教练的更替，超音速队的面貌焕然一新。这下子体育记者们要忙着分析胜因而不是败因了，于是他们笔下的球员形象也出现了180度大转弯。他们开始恭维那些一个月前还在被自己百般嘲弄的球员们，而此前提到的那些缺点一个个都变成了优势。得分后卫不往篮下突破说明他们具有很好的大局观；大前锋抢不到篮板的情形在他们漂亮的外线得分面前根本不值一提；而中锋在球场上站桩则恰恰使得他们在篮下坚如磐石……就这样，当球队最终杀入总决赛时，每个位置上的球员在体育记者们的眼里都成了篮球天才。

正如对超音速队球员们在1978赛季初平庸表现的片面解读一样，针对少数族裔和女性学业问题的解读也是充满局限性的。评论者们几乎无一例外地采取旁观者视角，并且他们总是在试图解释糟糕表现的原因，却对成功的一面视而不见。在这种局限性的影响下,学生们的问题都被"合理地"归咎于他们的自身缺陷,正如超音速队在1978赛季初遇到的各种问题都被"合理地"归咎于球员们的自身缺陷一样。

上述局限性其实是一种长期形成的思维定式,一旦涉及从心理学层面解释少数族裔或女性等弱势群体的学业问题,它就会像一片阴霾一样笼罩在我们的探索之路上。

内化现象:形象与性格的恶性循环

思想史学家达丽尔·斯科特在她的著作《轻蔑与怜悯》中,通过对非洲裔美国人切身经历的重点阐述,反映出社会科学研究领域中存在的传统思维定式。与体育记者们类似的是,社会观察家们也总是试图对整个20世纪时期黑人在经济、社会、教育、医疗等各方面的糟糕处境做出解释。斯科特指出,社会学家们倾向于将关注点聚焦在个人缺陷上(这与体育记者们的思路如出一辙),仿佛这些缺陷就是所有问题的根源。斯科特将这种做法称为"思想侵蚀"。

这种思维定式并不是什么新生事物。20世纪中叶杰出的社会心理学家高尔顿·奥尔波特就曾言简意赅地表示:"若要令某人的社会形象和声誉(无论是否名副其实)深入人心,则须从其个人特质上着手刻画。"当黑人们长期受困于来自社会对他们群体的负面印象(充满攻击性、大脑迟钝等)时,他们的思想意识会受到侵蚀，那些针对他们群体的负面印象便会渐渐被他们"内化于心"了，于是他们会在潜意识中接受对于自己群体的偏见，更悲剧地是他们可能还会将这些偏见适用到自己身上。这种内化于心的过程将会导致自尊心、期待值和积极性的下降，以及陷入自我怀疑等，从而对其个人特质产生破坏，而这种破坏转而又会引发一系列的恶果，比如高失业率、婚姻失败、学业荒废以及犯罪问题等。

斯科特指出，这种思维定式并不仅限于科学领域内的一条研究思路，它更是一股传统观念，一种如假包换的、可以导致当事群体举步维艰的负面刻板印象。在这种思维定式的框架中，如果黑人或是女生们的表现低于人们对其能力的预期，那么就一定是心理层面的缺陷所导致的（缺乏自信心、自我期待不高、自暴自弃等）。这种解读方式的背后逻辑就是采用"旁观者视角"看待问题，当然也离不开传统习惯的大力推动。事实上，即使是在我考虑下一步的研究计划时，这种思维定式也总是在我的脑海里不停地萦绕。

自身缺陷论：负面标签压力影响了谁

1978赛季后期，西雅图的体育记者们终于打破常规开始如实报道超音速队了。这倒不是因为他们的观察力变强了，而是超音速队依靠原班人马取得了连续胜利。这样一来，道理就明摆着了，那就是再也不能把球队失利的原因完全甩锅给球员们的各种缺陷了。当然，体育记者们也并不是完全在胡说八道，那帮球员的确存在各种各样的不足，它们与球队此前的屡战屡败也摆脱不了干系，只不过后来球队的一路高歌猛进说明此前的各种失利并不是纯粹由球员的缺陷导致的。一定还有其他的问题是体育记者们没搞清楚的，而显然这些问题被威尔肯斯搞清楚了。

正如西雅图的体育记者们在超音速队大获全胜后画风突变一样，我以"旁观者视角"对少数族裔和女性学生的学业问题所做的解读也正不断地被各种客观事实所颠覆。当然，这并不意味着这些学生们都是无可挑剔的。其实反观一下我们的现实社会，无论是教育机会还是教育质量都没法做到一视同仁。社会经济的薄弱环节、社会活动的隔离秩序、文化取向的严格限定等都迫使教育资源只能对不同的族群厚此薄彼。过去如此，现在依旧如此。而这些差异进而可能令某些族群在能力方面与其他族群产生差距。这种差距大到足以影响一整个族群的大学学业表现，也大到足以被各种"观察家"们的眼睛轻易捕捉到。即便如此，我在研究工作中所经历的各种事实都不约而同地表明，某些族群的某些缺陷并不是他们表现欠佳的唯一原因。

在我一路走来经历的所有事实当中，我首先要提到的就是参与我们实验的学生的类型。他们并不是从不良的教育环境中走出来的那种学习能力不高、积极性不强的学生。不管从任何标准来看，他们都没有明显的心理或是能力方面的缺陷。他们是在全国都排得上号的尖子生，现就读于国内的高等学府。与此同时，我在密歇根大学的各个班级中也发现，无论是在比他们能力更强的学生，还是能力不如他们的学生中，同样会出现学习表现欠佳的情况，而且正如许多大型研究文献所提到的，这种情况在绝大多数的大学中都普遍存在。堆积如山的案例足以证明，所谓的"自身缺陷"论并不足以解释我的所见所闻以及我们的实验发现。

在进一步探讨这一问题之前，我需要先解释一个最基本的问题。我需要弄清楚我和史蒂文在女生数学能力实验中观察到的负面标签效应是否能够推及其他群体。这种负面标签的压力会对在某些能力方面遭受社会偏见的其他群体产生破坏作用吗？比如说它是否会影响到非洲裔美国人在高难度的标准化测试中的表现呢？没错，正是这一群体所面临的学业问题，直接开启了我们的整个探索之旅。

拒绝标签：普适性验证

1991年左右，我又从安阿伯市搬回了全家人更偏爱的西海岸，我的工作也从密歇根大学移至斯坦福大学。与我一同前往斯坦福的是另外一位绝佳的搭档，刚取得普林斯顿大学博士学位不久的约书亚·阿伦森（现为纽约大学著名教授）。约书亚签约了一个关于"自我肯定"理论研究的博士后项目，也就是前文提过的，若干年前我和史蒂文等学生一起构建的那套理论。约书亚此前不久刚完成了一篇关于该课题的学位论文,其中的见解相当有水平。他在社会心理学研究以及相关的实验设计方面很有灵性。而他很快就跟之前的史蒂文一样,发现与他共事的教授是一个全情投入在群体性低迷表现、女性的数学能力、负面标签效应对学业表现和可持续性的潜在影响等课题上的工作狂。各种各样的谜题似乎能把整张实验桌铺满,而约书亚不仅对它们很感兴趣而且充满见解,于是他也顺理成章地加入研究中来,试图从零散的线索中整理出解决问题的方案。在他的鼎力相助下,我们的研究进度明显加快,对此我深感幸运。

我们首先开始梳理研究素材:学业表现欠佳的问题、我与女性学生和黑人学生们的交谈、我和史蒂文在密歇根大学的研究发现等。然后我们再将所有的问题串联起来。其中最为重要的就是关于研究成果的普适性问题:我和史蒂文从女生的数学测试成绩中发现的负面标签效应是否能够推广到另一个学习能力不被看好的群体,譬如说非洲裔美国人(事实上正是出于对该群体学业问题的关注,我才会启动相关领域的研究)?如果结论是肯定的,那么我们便有理由相信负面标签效应对于学习表现的影响是普遍存在的——它可能会对任何在学习能力方面不被大众看好的群体产生影响;而如果结论是否定的,那么我们便只能重新审视一下是否女性确实在抗压能力方面有所欠缺了。

第二个问题是,假如说负面标签效应适用于黑人学生群体,那么它会像在我和史蒂文的实验中影响"女学霸"一样影响到黑人中的尖子生吗？很难说。事实上，在我就这一项目申请科研经费时，审核人员就对以上设想提出质疑，他们很难相信我们口中所述的负面标签效应能够对国内最负盛名的高等学府中最为聪慧好学的黑人学生的学习表现产生严重影响。在这些评审员的观念中，这些学生是如此的优秀和充满积极性，因此根本不可能被这样一种压力所打倒。我们对这种想法表示理解。毕竟我们也是根据事实情况才推导出这种可能性的，仅凭直觉很难做出准确判断。综上可以看出，我们的挑战主要来自两个方面：一是我和史蒂文发现的针对女生数学能力的负面标签效应是否也同样适用于黑人学生？二是如果这一效应适用于黑人学生，那么黑人学生中的精英分子们是否也会受到影响？后来的事实证明，我们选择斯坦福这样一所对生源质量把控最为严格的大学进行研究还真是来对了地方。

很快我们的实验便开张了。我们在斯坦福大学招募白人和黑人学生志愿者，以大一新生为主。我们让这些志愿者们依次单独进入实验环境，接受一场高难度的文字推理测试，而测试题目主要来自GRE考试的语文部分，这对于大一新生来说相当具有难度。在正式测试前的准备阶段，我们曾组织了一次预测试，预测试的参加者与正式测试对象水平相仿，而他们在预测试中平均只能答对三成的题目，可见这场测试一定是困难重重的。正如我们对女生在数学测试中的表现所做的推断一样，我们认为这次黑人学生们在测试中遇到的答题困难将会诱使他们意识到自己的表现可能会坐实了"黑人群体智力水平偏低"的刻板印象，从而令他们产生焦虑。我们将这场测试设计得与真实环境中的测试别无二致，没有任何不合常规的地方，因为我们认为测试本身的难度就足以令黑人学生们陷入困境，从而感受到上述焦虑。

当然，白人学生也不喜欢遇到难题，不过鉴于社会公众并未对白人群体的智力水平普遍抱有负面印象，因此白人学生在被难题卡住时不会担心这种状况会对自己的族群产生任何不利。

结果不出所料，在这场高难度的测试中，白人学生的表现要比黑人学生好得多。具体来说，在总共30题的测试中，白人学生平均比黑人学生要多对4道题。考虑到这只是一场时长30分钟的GRE专项测试的成绩，如果将这种差距推及一套完整的GRE考卷中，那么双方在总分上的对比将更为悬殊[1]。正如我和史蒂文通过实验发现女生的数学成绩欠佳一样，这次我和约书亚也通过实验发现黑人学生的文字推理成绩出现了问题。

当然，对于这一结果可能还有别的解释。我们已经将实验参与者的考试知识和能力调整到同一水平线上，然而也有可能黑人学生们在应对困难时不像白人学生们那样充满干劲；也有可能他们对于这次测试相对没有那么上心；还可能测试题目本身基于的

---

[1] 这里必须强调的是，考虑到白人和黑人学生们在考试能力上可能存在某些原始差距（以入校时的SAT分数评估），我们采用了标准化的统计手段对最终测试分数进行了相应调整。如此一来，无论从什么角度看，都可以认为参与本次测试的黑人和白人学生们在考试知识和能力方面处于同一水平线。

文化背景就对黑人不够友好。单从这次测试的结果来看，我们还无从判断哪一项才是最有力的解释。

为了进一步探究原因，我们需要进行另一项实验，将可能影响到黑人学生的负面标签效应加以移除。正如在开展女生数学测试实验时那样，我们的困难并不在于如何施压，因为根据我们的推断，在一般的测试情况中，只要女生们在测试中遇到解题困难，她们便会自然而然感受到负面标签效应带来的压力。所以问题的难点在于如何将测试过程中的负面标签压力从黑人学生们身上移除。

这次我们的方案与之前我和史蒂文在女生数学测试时所做的有所不同。我们仍然在此前导致黑人学生成绩欠佳的普通测试环境中开展同样的测试，不过这次我们会告知新一轮的参与者，本次测试是一项旨在解决一般性课业问题的"任务"，同时我们还特别强调了本次测试不会对智力水平进行评估。我们通过这样的说明对黑人学生们进行引导，既然这次特别的"任务"不以评估智力水平为目的，那么他们在参加测试时便不会下意识地将自己的表现与针对黑人智力水平的刻板印象挂钩。如此一来，我们便将高难度文字推理测试过程中原本可能出现的负面标签风险成功移除，进而将黑人学生们从中解放了出来。

果然，黑人学生们的表现出现了相应的变化。他们在新一轮测试中表现得与同水平的白人学生们一样出色，并且测试分数显著高于此前那些将测试视为"语文水平检测"的黑人学生们。在无须顾虑"自己的表现会坐实针对自己族群的偏见"的情况下，黑人学生们原本可能在测试中出现的成绩欠佳问题立刻消失了，消失得无影无踪。

从本次实验结果中我们可以合理地得出以下三点结论。

第一点，负面标签效应对于学习表现的影响是普遍存在的。它并不只针对女性群体。目前已知的是它至少适用于两个群体——女性和黑人群体。无论是在关键的考试中还是在当今的社会环境中，这种压力就是一种由特定族群身份引致的条件作用，正如我小时候在芝加哥城亲历的泳池限制也是一种由我的种族身份引致的条件作用一样。这种条件作用的危害性极大，它可能会在许多足以决定你未来发展的重要考核中令你的表现大失水准。

第二点，虽然科研经费评审员乃至我们自己都曾心存怀疑，但事实证明这种条件作用的影响力之大，甚至足以对女生和黑人学生中学习能力最强、积极性最高的佼佼者们的测试成绩产生影响。正如西雅图的体育记者们在超音速队开始赢球后产生的转变一样，我们也试着从事实出发解释黑人学生表现欠佳的问题，而非一味归咎于该族群的自身缺陷。随着我们的研究不断深入，我们越来越发现负面标签导致的压力在其中扮演着重要角色。

第三点，为了寻找一个可靠的方案以便将现实生活中黑人学生的学业问题在实验环境中再现，我们应当继续深入观察和剖析，进一步了解其运作机制。根据我们的推理，我们提出了一个问题：那些感受到负面标签压力的当事人是否真的会对自己的表现可能坐实那些针对自己族群的偏见而感到焦虑呢？

我们通过一个简单的方式验证这个问题。我们又组织了一批黑人和白人学生参加高难度的语文测试。在正式测试开始前，我们会准备一些样题让学生们提前感受一下正式测试的难度。随后我们给这些学生发放了一张清单，上面印有 80 个词语片段，每个词语片段都是一个完整的单词被挖去了两个字母，而学生们的任务则是在最短的时间内完成词语补全，整个过程类似于一种脑洞游戏。根据我们的前期调查，在 80 个最终被补完的词语中，约有 12 个词语是与黑人学习能力的刻板印象相关的。比如"××子"可能被填写成"傻子"（××mb 填为 dumb），而"×群"则可能被填写成"族群"（××ce 填为 race）等。如果说参加一场高难度的能力测试便足以让黑人学生们意识到针对自己族群的刻板印象，那么在这场填词游戏中一定会写出更多与刻板印象相关的词语。事实也的确如此，黑人学生们在得知他们即将接受的测试是为了评估学习能力后，他们在填词游戏中写出的有关刻板印象的词语数量明显多于那些被告知测试不会评估学习能力的参与者们。很显然，负面标签压力会让当事人意识到针对自己族群的刻板印象。而反观白人学生，他们在测试中无须承受负面标签压力，因此无论在何种情况下他们都几乎不会将词语片段补充为与刻板印象相关的表述。

约书亚又设计了另外一种实验，研究刻板印象究竟导致了何种焦虑。这次，我们将在正式测试开始前邀请黑人和白人学生们根据自己的偏好对各种音乐和运动项目进行评分。其中有些选项是容易令人联想到黑人的，比如篮球、爵士乐和嘻哈等项目，而其他选项则没有特别强的暗示性，比如游泳、网球、古典乐等项目。有意思的是，当黑人学生们得知自己即将参加一场能力测试时，他们会刻意对那些黑人擅长的音乐和运动选项表现出较低的偏好，具体来说就是他们对篮球、爵士乐和嘻哈等项目的打分比白人学生给出的分数更低。然而当我们把测试描述成与能力评估无关时，黑人学生们在打分中又体现出了对黑人擅长运动和音乐的强烈偏好。看上去，黑人学生们似乎在刻意回避一些自己本来喜爱的事物，因为他们担心一旦表现出对这些事物的爱好，就有可能招来别人对自己的偏见。他们之所以回避，正是不希望自己也成为那些负面刻板印象的聚焦对象。

最后，有证据表明，刻板印象风险会迫使当事人想方设法为自己的失败表现寻找除了自身以外的其他借口。我们曾询问过实验参与者们在参加测试的前一天晚上睡了多长时间的觉，结果发现，认为测试与能力评估有关的黑人学生反馈的睡眠时间比认为测试与能力评估无关的黑人学生反馈的要少，而无论哪种情况下，黑人学生反馈的睡眠时间都比白人学生少。在置身于刻板印象的风口浪尖时，这些学生们自然希望通过某种方式缓和这一风险可能给自己带来的巨大冲击。我们对此深表理解。

无论这些学生们的学习能力和积极性如何，无论他们对自己的测试成绩抱有何种预期，也无论他们表现出何种潜力和发展倾向，他们都在不断地与刻板印象作斗争。这种刻板印象针对的是整个族群，但作为该族群中的个体，他们也很难让自己置身事外。总之，他们是在接受测试，而别人则是在享受测试，这种区别，可能就是深邃的历史加诸他们身上的无法承受之重吧。

压力的本质：学霸的紧箍咒

以上的早期成果无比清晰地说明了负面标签效应的产生及其破坏作用并不以当事人存在学术能力的缺陷为前提。事实上，这一结论还引申出一个颇具讽刺意味的反向命题，即相比学术能力一般的人来说，那些学习能力优秀的学生们反而更容易受到负面标签效应的影响。如果这一命题成立，那么这将是一个极为重要的发现，因为它将帮助我们更好地了解负面标签压力的性质，以及它对哪类人群的影响最大。我们现阶段的研究还无法回答以上问题，因为我们只观察了学习能力优秀的学生们，如果换作学习能力一般的学生参加实验，结果会怎样，我们尚不清楚。这些能力一般的学生也会被负面标签压力所困扰么（这意味着负面标签压力将影响到所涉及群体中的每一位成员）？还是说他们能够在压力下安之若素呢（这意味着被贴上负面标签的群体中的精英分子反而更加容易感受到压力）？想要了解这些问题的答案，其实只需要从我们所研究的群体中挑出一些学习能力一般的学生作为实验样本，随后再重新组织一次实验并观察他们是否会像那些学习能力强的学生们一样容易被负面标签效应影响到自己的测试成绩。万事俱备，现在只剩下最后一个问题，我们要怎样才能从这所对生源质量要求极高的大学里找到学习能力一般的学生呢？

还真是应了那句老话——踏破铁鞋无觅处，得来全不费功夫。在我们的早期研究成果发表后不久，一位名叫约瑟夫·布朗的一年级研究生和他在从事助教工作时结识的一位本科生米克尔·朱烈特一道前来拜访我。约瑟夫是一位戴着金丝眼镜的高瘦小伙，他年纪轻轻就博览群书，所以整个人气质上也显得文质彬彬的；而米克尔则是一位活力四射的、带点儿嘻哈风格的大学生，浑身散发着自信和勇于开拓的风范（实际上米克尔在不久后便成为非常走红的摇滚乐队——"毒害蔓延"合唱团的主唱），这两位小伙子结伴出现在我面前时，还真带来一种反差萌的观感。他们对于我和约书亚所做的关于种族偏见影响到斯坦福大学黑人学生测试成绩的实验非常感兴趣，同时他们也提出一个设想：如果在米克尔三年前就读的洛杉矶市中心的高中里开展同样的实验，能否得出同样的结论呢？重点是，他们还可以提供实验渠道。因为米克尔与他母校的老师们还保持着联系，他有信心说服母校支持他开展实验——这不就是送上门来的好机会么？

就这样，米克尔提着成捆的实验材料，第一时间登上了前往洛杉矶的班机。他将在他的高中母校复制我和约书亚在斯坦福大学所做的实验，而这也是他本科毕业论文的重要内容。他让高中里的白人和黑人学生们分成不同组别，在对应的教室内参加一场限时 30 分钟的高难度测试（题目选自 SAT 考试中语文专项测试部分）。参考我和约书亚之前的做法，为了让某些组别的成员感受到来自种族偏见的压力，他会在测试前告知这些组员这是一场评估语文能力的测试。这一简单的声明能够让黑人学生们意识到他们在测试中的表现可能会坐实大众对于他们族群学习能力的刻板印象；而对于那些需要剔除掉种族偏见影响的组别，他们则声称这次测试旨在研究一些通用的解题方法，如此一来，从表面上看这种测试并不涉及刻板印象的标的——学习能力，因此学生们便不会将自己的测试表现与针对黑人学习能力的刻板印象进行挂钩了。

此外，米克尔在我和约书亚的实验基础上作了创新。他额外评估了参加测试的学生们对于学校生活的热衷度，以及对自己在校表现的认可度。结果非常有趣，他的发现生动地验证了我们此前提出的那个充满讽刺性的命题。对于那些高度关心学业的学生们来说，他们在测试中的表现与我和约书亚在此前实验中发现的情况吻合，即那些将测试看作能力评估的黑人学生们由于受到刻板印象风险的影响，最终录得的成绩明显低于同水平的白人学生；而那些没有将测试当成能力评估的黑人学生们由于没有受到刻板印象风险的影响，最终取得的成绩与同水平的白人相仿。在这所米克尔曾经就读的市中心的高中里，黑人学生中"学霸"们的表现与斯坦福大学中的黑人学生们类似，他们都因担心自己的表现可能坐实那些针对自己族群学习能力的刻板印象而产生焦虑，从而扰乱了心智。

但是对于米克尔高中里那些后进生来说，情况就有所不同了。那些对学习不太重视的黑人学生们在参加测试时就没有显现出受到刻板印象影响的迹象。无论是将测试视为能力评估的组别，还是视为单纯的实验任务的组别，他们的测试成绩都差不多，而且他们的成绩与同一能力水平，也同样不太喜欢上学的白人学生们相比，没有太大区别。

稍后我们会再提到这种对于学习满不在乎的态度其实也是为了抵御那些针对学习能力的负面印象的一种补偿机制。不过就目前来说，我们必须注意到一个重要的问题就是，这些后进学生们测试的绝对分数都不高。无论是否感受到刻板印象的压力，这些后进学生们的测试成绩都相差无几，但从绝对数值的角度上来看，无论在哪种情况下，他们与白人中的后进学生们一样，在测试中的绝对分数都很低。我想这是因为他们既没有能力也没有动机去争取好成绩。其实他们对我们的实验相当地配合，在测试过程中也表现得规规矩矩，只是当他们遇到难题时会摆出一副无所谓的态度，直接选择放弃，然后把脑袋转向墙上的挂钟，坐等整个测试结束。

大众在探讨少数族裔学生的学业问题时，更多想到的还是那些后进学生们，他们的学习能力和积极性都不高，而且与学校生活也比较疏离。如果要从旁观者角度解释他们的学业问题，那么就会像西雅图的体育记者们在 1978 赛季初为超音速队的节节失利寻找原因时那样，只能将一顶现成的、写着"自身缺陷"的帽子扣在当事人身上——质量不高的早期教育、惨淡的社区生活、自我怀疑和自我放逐引发的心理创伤。随之而来的则是与学校生活的疏离、学习能力进一步下滑、与学校关系进一步疏远，同时他们可能也得不到来自家庭的有力支持，与同龄人的文化隔阂也会日益加深，等等。以上任何一项或多项因素都有可能成为米克尔实验中的这些学生们选择放弃、坦然面对糟糕成绩的原因。所以如果用传统观念解释这些学生们的表现，看上去也没什么问题。

但是，对于那些"学霸"孩子们来说，再用老眼光看待他们就显得不合时宜了。因为从某种程度上说，那些相对优秀的学生们已经成功地克服了重重困难，很好地融入了一所市中心高中的学校生活。在这种情况下，唯一能够在米克尔的实验中对他们的表现产生打压的就只能是刻板印象风险——那种因担心自己的表现坐实或者被视为坐实某种偏见而产生的压力。而类似的压力也曾导致斯坦福大学的黑人学生在测试中发挥失常，或是令密歇根大学的女学霸们在数学测试中马失前蹄。而一旦通过某种方式（比如将测试性质淡化为单纯的实验任务）将这种压力移除，那么上述群体都可以重新展现出他们本应具备的"领头羊"风采。

回到我们此前设想的那个充满讽刺的命题。在米克尔的实验中，黑人"学霸"们难以抵抗刻板印象压力的原因并不是他们自信心不强或是学习能力差，而恰恰是因为他们有信心有实力。正是因为他们能力出众，所以才能很好地融入学校生活，所以才会对学业和自己的表现更加上心。不过也正因如此，当他们在学校里参加高难度的能力评估测试时，他们就会被额外的刻板印象压力所困扰。简言之，这些学生不是因为不求上进所以无法顶住压力，恰恰是因为上进心太强所以才更容易被压力压垮。

米克尔的实验还反映出了一些别的问题。它解释了为什么在日常的教学过程中很难发现刻板印象带来的影响。这是因为不管是受到刻板印象风险打压的"学霸"，还是本来学习能力就有限的后进学生，他们在测试中的表现都一样糟糕，换句话说，光从测试成绩来看的话是无法将以上两者进行准确区分的。因此无论是近如任课老师，还是远如大学招生委员会，他们都很难从自身角度出发，透过考试分数注意到存在于同样糟糕的表象背后的，是两类截然不同却都各有苦衷的学生群体。而其中一部分学生群体就特别类似于1978赛季初期的超音速队，他们或许不是无懈可击的，但以他们的能力和干劲来看的话还是相当有胜算的——而对于米克尔实验中的黑人"学霸"们来说就是在测试中发挥出自己本来具备的出色实力。而无论是对这些球员还是"学霸"们来说，他们唯一需要解决的问题就是将自己从刻板印象的压力中解放出来。

身份困境：情境中的真正威胁

不知不觉我们的研究已经开展了 4 年之久，而对于很多领域的探索看上去才刚刚起步。从目前的阶段性成果来看，没有任何证据显示学生们表现欠佳的情况是由他们的自身特质引起的，而实际上他们看起来更像是在测试过程中受到了刻板印象压力的影响。因此我们将这种压力视作一种由身份引起的"困境"。那些坐在数学课堂上的女大学生们心里明白，她们可能会因自己的女性身份而被他人视为数学能力有限；而那些置身于各类考验学术能力的场合中的黑人学生们则表示深有同感；当然，白人短跑名将在百米竞速最后 10 米的冲刺阶段也不免会产生类似的想法。他们很清楚社会对他们群体的看法，同时他们也知道自己正在从事一件与其社会形象相关的活动，因此他们或多或少地都会意识到自己正处于一场困境之中，即他们的表现可能会坐实针对自己群体（包括他们本人在内）的负面印象。

这些年来，我们曾尝试使用各种术语来指代这种"困境"，比如"负面标签""负面标签压力""负面标签压力敏感度""刻板印象风险敏感度"等。最终我们决定统一采用"刻板印象风险"这一表述，因为这一表述精准把握住了这种随机变化的"困境"的要义，即它是一种由群体身份引致的条件作用，一种真实而又广泛存在的、与当事人的周遭环境融为一体的、可能引发对当事人的负面评价和对待的风险。

低迷表现的幕后推手：社会身份如何决定我们的言行举止

通过对女性和少数族裔学生学业问题的研究，我们已经对刻板印象风险有了一定的了解。在研究过程中，我们也发现了一种出现频率极高的、能够在各种场合下以多种方式对普罗大众产生不同程度影响的"困境"。我认为这一现象有一个非常吸引人之处，就是它能够让每个人都有机会亲身体验到其他群体的类似经历和感受。比如说黑人学生们在参加标准化测试时所承受的刻板印象风险与女生们在参加高难度数学测试时的遭遇类似。感同身受是一种最好的换位思考的方式。自己亲身体验到刻板印象风险，对于更好地理解他人所承受的刻板印象风险是大有帮助的。

刻板印象风险的真实存在也说明了一个问题：诸如教室、大学校园、标准化测试考场，以及竞速赛道等看起来对所有人一视同仁的场合，实际上在不同人的眼中呈现出的却是不同的画面。根据当事人所属的群体身份不同，即使同处一地，他们所需应对的挑战也各不相同——不同的刻板印象风险、不同的经历和领悟、不同的目标和关注点等。

对于高校化学专业的女生、对于在普通学校里念书的黑人学生、对于重返校园的高龄人士、对于在顶尖田径赛事中的白人短跑选手来说，刻板印象如同幽灵一般盘旋在他们周围，使得看起来与旁人无异的周遭环境在他们眼中却平添了许多不寻常的色彩。如果他们继续待在这样的环境中，那么就很可能会遭遇到各种不同的变量。举例来说，当一名优秀的白人短跑选手在考虑"是否继续坚持田径事业"时，他个人对于职业环境的认知和体会与同样优秀的黑人选手在面对相同抉择时的想法会有本质的不同。如果这位白人选手还继续坚持短跑事业，那么他可能必须得做好把刻板印象风险当作家常便饭的心理准备，而且有朝一日这种风险可能会在最为紧要的关头爆发出来，因为越是在紧张刺激的赛事中，他可能承受的刻板印象风险就越严重。

循着研究过程中的各种细节，我们可以勾勒出本次探索之旅到目前为止的主要来龙去脉——怀着"为黑人学业问题寻找解决方案，同时加强自身了解"的初衷，我们开启了这趟探索之旅，希望能够更好地了解我们的社会身份及其对我们日常生活的影响。我们都很推崇个性的张扬，尤其是在美国这样一个国度。我们拒绝被各种既定的社会身份（年长者、黑人、男性白人、宗教徒、政治开明派等）所束缚。这种拒绝可能是有益的，因为它能帮助我们突破各种身份带来的预设。不过我们的研究也指出社会身份具有极为深远的重要意义，即社会身份会引发诸多的条件作用，这些条件作用在不同的时间和空间下会有不同表现，它们通常微妙到几乎难以察觉，但会对诸如学习成绩等重要表现产生重大影响。这进一步说明了这些影响很可能就是某些群体在学校学业和标准化测试中种种低迷表现的幕后推手。

以上这些发现极大地推动和启发了我们的后续研究以及其他一些工作。许多重大问题被陆续揭示出来：刻板印象风险会对哪些行为和能力产生影响？它是通过怎样的作用机制产生影响的？相关的个人和组织应当采取哪些措施来降低这些不利影响？

不过，在所有这些研究工作的背后，蕴含着对于"社会身份如何塑造个人特质、如何引导个人行为、如何决定个人表现"这一宏大命题的深刻思考。总的来看，贯穿全书的主线就是一条从研究问题（刻板印象风险带来的负面影响）到解决问题（设计应对之策）的漫长路径，事实上我们也的确找到了一些解决方案。不过此时此刻，为了让我们的研究取得更多进展，我想暂停一下有关主线的讨论，将精力转到对"社会身份及其对我们日常生活的影响"这一课题的研究中来。[1]

---

[1] 本章中探讨的研究结果可能会引发这样一种认识，即刻板印象风险对于普通学校中的那些后进学生们来说不算什么问题。理论上来说这种认识并没错。不过通过我们的实验可以看出，即使是在那些名不见经传的学校中，同样存在着好学上进的学生，而他们显然会受到刻板印象风险的影响。另一方面，其实每个人都可能会在某些场合下（比如说为了得到老师或是同学们的好评）对自己的学习或是智力能力有所期待，因此从这个意义上来说，即使是普通学校中的后进学生，也不一定能够对刻板印象风险做到完全免疫。

第四章　宏观视角的身份认同

虽然我们的研究已经取得了一定的成果,但我始终还记得要努力寻找背后的原因。

正如此前多次提到的,我们的研究结果不断证明我们的社会身份基本上是通过我们所处的情境对我们产生影响,这里所说的"情境"是由当事人的特定身份引致的,它既包括"泳池限制",也包括刻板印象风险。我们的研究已经提供了这样一种观点,但我还是觉得它显得有些另类。可能因为我是一名心理学者,心理学者更多关注的是内在的、心理层面的东西。当女生们在数学测试中表现不佳时,我们总会倾向于从女性的内在特质中寻找原因。虽然这也是从"旁观者视角"考虑问题,但却是出自于我的学术素养。我们还需要更多鲜活的、有血有肉的素材说明条件作用是如何对我们的现实生活产生影响的。如果有更多的生动案例不断涌现出来,那么我便会对我们的研究结论更加有信心。

在我思考这个问题的过程中,有一天我从《纽约时报》上看到了一位署名小亨利·路易斯·盖茨的作者发表的一篇名为《白人如我：记非洲裔美国作家阿纳托勒·布罗亚德》的文章。在通读了这篇文章后，我感觉如获至宝，这恰恰就是我寻求已久的、能够体现我们研究成果的鲜活案例，它详细叙述了一个人与有史以来影响力最大的身份条件作用之间斗而不破的微妙关系。且听我娓娓道来。

鱼目如何混珠：从黑人变成白人的《纽约时报》专栏作者

阿纳托勒·布罗亚德是《纽约时报》的每日评论员，在从事该项工作的 18 年间，他为《纽约时报》撰写了大量的书评。他还擅长小说和随笔，许多作品都是一挥而就，文思极为敏捷。1990 年，他因前列腺癌不幸去世，而他的遗作则是一部以"疾病"为主题的系列散文。多年以来我一直是他的忠实读者，而其中特别让我为之动容的正是那些关于疾病的散文。这些文章风趣幽默，知识性强，并且还很有深度。如果说这些文章的魅力来自某些秘方的话，那么我认为是布罗亚德能够将高深的文字变为隐喻以及将充满时代感的街头嘻哈风格与具体的疾病治疗过程进行巧妙融合。我甚至能从文章中嗅到些许"栋笃笑"（单人脱口秀）的气味来，感觉就像是在聆听一位博学多才的英语教授在脱口秀大会的现场吐槽人生、衰老以及死亡。他有些神似索尔·贝娄，但又比索尔·贝娄多了些弗洛伊德式的特质。我隐约记得他好像是犹太裔抑或是欧洲裔，也不知道是哪里来的这个印象，可能是因为他的名字，也可能是因为他身上的那股幽默感。不过我想说的是，直到 1996 年的那一天，当我翻开《纽约时报》的那篇报道时，我才发现文中通过盖茨之口道出了一个事实，那就是布罗亚德其实是一名黑人，他的双亲，乃至远在 18 世纪的祖辈们全都是黑人——而在此之前，我对此竟一无所知。

当然，我并不是唯一一个误判了他种族身份的人，因为布罗亚德实在是太善于伪装自己了。虽然不管从任何传统意义上来说，他都是一名黑人，然而他却成功地将自己活成了一名白人。用黑人社区里的黑话说，这叫作"鱼目混珠"——终其一生他都没有暴露自己的黑人身份，甚至连他的孩子都被他彻底蒙在鼓里。

20 世纪中叶早期，布罗亚德和他的原生家庭——他的双亲以及两个姐妹跟随着一场从南部地区向北方城市的黑人移民潮，从新奥尔良市迁徙到了布鲁克林的贝德富锡-斯图维桑特。所谓的移民，从字面上来看，大致就是从一个大家都认识他们的社区转移到一个大家都不认识他们的社区的意思。在这种转移过程中，如果能够实现外貌体征上的改头换面，那么也许就能够将自己此前的种族身份也一并丢弃。

20 世纪 20 年代是黑人移民潮的高峰，每年约有 1 万至 3 万黑人在北上途中通过各种伪装术隐藏了自己的黑人身份，随即融入白人世界中。布罗亚德的父亲保罗·布罗亚德就是一位擅长"鱼目混珠"的人士——不过仅限于他的工作时间。保罗·布罗亚德是一名手艺精湛的木匠，每天白天他会伪装成白人，以便能够加入木匠工会并接到生意。结束一天的工作后，他便回到那个在邻里眼中"小日子过得挺滋润"的黑人家庭中去。这一生活模式充分折射出当时社会上存在的种族隔离现象已经到了何等严重和荒谬的地步，而那种在日间"鱼目混珠"的做法则很快在一些肤色较浅的黑人群体中流行开来，这无疑也给幼年时的阿纳托勒树立了一个个榜样，在如何应对美国国内尤其严重的种族隔离问题上，阿纳托勒的父亲带头手把手地亲自示范。

有一个关于迈克尔·杰克逊的笑话这么说道："一个穷困的黑人小子竟然长成了一位富有的白人姐姐，这种奇迹只有在美国才会发生。"虽然布罗亚德并没有变得大富大贵（也没有被误认为女性），但是他还是部分复制了迈克尔的人生。他以黑人的身份度过了童年，念完了布鲁克林男子高中，并在布鲁克林大学继续深造。就是在大学期间，他与欧美文学结下了不解之缘，他对无论高雅文学还是市井文学都青睐有加。他立志成为一名作家，一名伟大的美国作家，而且他的确很有两把刷子：在布鲁克林的成长经历令他对都市生活有着深刻理解，而他还具备着远超同龄人水平的深厚文学功底。

二战结束后，布罗亚德以黑人的身份和一名黑人女子成了家，并育有一子。随后他便投身军营。显然就是在从军时期，不知因何缘故他决定对自己的种族身份进行重设。虽然个中细节无从知晓，但我们能够知道的是，当他退役后，便挥别了妻儿，前往纽约市的格林尼治村。就这样,这个来自布鲁克林的黑人小伙以一个完全不同的身份开始了新的生活。也就是说,阿纳托勒·布罗亚德把自己给"洗白"了。

他成了村子里的一名说书人,发表了大量散文,拥有了自己的书屋,还在新社会研究学校和纽约大学担任写作老师。后来他又发表了一系列文章,并迎娶了一位白人女子,还接了一部自传体小说的大单子(可惜他生前未能完稿)。他被《纽约时报》聘为每日书评人,随后便搬去了康涅狄格州的市郊,毕竟那样的地方更加适合隐藏自己的真实身份。

如果布罗亚德一直保持黑人的身份,那么他可能终身都会在各种艰难困苦中挣扎,但是他抓住了机遇(当然可能还有一些其他因素的综合作用),脱离了苦海。而当他改变了自己的种族身份时,他也同时改变了由此引发的各种条件作用——各种约束条件、各种发展机遇、各种选择途径都发生了翻天覆地的变化,他的社会地位也提高了。他可以选择生活在别处,比如住在纽约西村,而不是受困于贝德富锡-斯图维桑特或是哈莱姆区等黑人居住区。他获得了数不胜数的资源,比如可以通过银行贷款来购买或是租赁书店,此外他还拥有丰富的职业信息渠道以助其获得《纽约时报》的工作机会。而如果他始终保持他的黑人身份,那么以上所有这些对他来说都会是遥不可及的。化身白人后,他的朋友圈焕然一新,他可以迎娶"白富美",还可以让子女享受到丰富的教育资源,而他自己也成为一个别样的作家。无论他是白人还是黑人，他在西村走的都是同一条道路，他不曾改变任何法律和制度，他也仍然保留着自己的天赋、弱点、心理特征、文化理念、偏好、态度、价值观等。所有这些都没有变，唯一变化的是他的社会身份。他后来成了白人而不再是黑人了，所以他的社会地位不一样了。他的人生轨迹发生了彻底的大转变。

我们一般认为种族是一种根深蒂固的属性，无论从生理还是文化角度来看，它都是与生俱来的、最本质的特征。但是布罗亚德"鱼目混珠"的传奇经历，加之那一时期成千上万类似事件的发生，使这种传统观点受到极大的挑战。即使当布罗亚德混入白人世界时，他在生理和文化方面的基本属性仍然无法改变，因此从本质上来说他还是从前那个黑人小伙，唯一变化的就是他的人生境遇。

用我们的专业术语来说，就是由于身份的转换，他在当时当地所面临的条件作用也随之转变，具体而言就是从适配黑人的条件作用变成了适配白人的。而正是这一转变让他的人生变得大不一样。

正如我一直提到的，我是一名心理学者，倾向于从心理学的角度寻找人们行为和成就的内在原因。不过我们之前做的两项研究都显示，无论在学校课堂还是在测试考场，由某些社会身份引致的刻板印象风险都会极大地影响智力表现；而布罗亚德的故事则展示了一个通过改变自己的社会身份而获得截然不同的人生境遇的真实案例。这让我对身份条件作用的观点更加坚信——它们是真实存在的，并且它们对于人们行为和结果的影响力可能被大大低估了。

身份的概念具有地域性：唯身份至上的社会架构

行为主义学派是在 20 世纪的大部分时间内科学主义心理学的主流学派。这里我借用了他们的一个术语叫作"条件作用"，意思是在一个既定环境中通过营造某些条件奖励或惩罚某些特定行为，从而主导当事人的学习和相关反应。行为主义学派将这种条件作用称为"条件反射"。而我在借用这一术语后赋予它的定义是，条件作用是指为了适应某种既定环境而必须应对的一些"条件"。而"身份条件作用"则是由个人的既定社会身份所引致的一种因人而异的条件作用，比如说只有当布罗亚德是白人身份时他才能够顺利获得银行贷款；再比如年长者可能会被视为反应迟钝；又比如在新英格兰的鸡尾酒会上，人们会对操着南方口音的来宾敬而远之等，这些都是身份条件作用的案例。

身份条件作用源自一个围绕着"身份"而构建的特定环境，源自该环境中的人们对于"身份"所持有的刻板印象。设想一个典型的美国高中食堂的场景，这里有一个非常普遍的现象就是座位是按照种族来划分的。想象一下，这样的环境会对白人和黑人学生带来怎样的条件作用呢？当然他们对这样的条件作用早已烂熟于心，因为无论是学校还是社会都已经给了他们足够多的灌输。举例来说，白人学生们知道，如果他们坐在黑人旁边，那么便会被别人所不齿——他们可能会被指责装酷装过了头、假惺惺、种族观念不强等。此外，他们还会担心遭到冷眼对待、被误解，或是被视为不尊重文化传统等。同样地，食堂里的黑人学生们也对自己的身份条件作用一清二楚。他们知道如果自己坐到白人旁边，那么其他黑人小伙伴们便会视他为叛徒，想要成为"精神白人"。他们担心白人学生们难以理解黑人们在学校中承受的压力；他们担心自己对白人学生们开诚布公反倒会令对方觉得他们是在指责白人；他们还担心随心所欲会给自己惹来非议等。小小的一间食堂里，两个不同身份的群体，彼此都承受着如此沉重的条件作用，这种条件作用乃是整个国家厚重的种族历史投射在日常生活中的一个个剪影。

我们无须引用学生间的所谓"群体偏见"解释发生在食堂里的种族隔离现象，在我看来，不同种族学生间的相互隔离，可能单纯只是为了回避食堂环境中存在的各种负面"条件作用"。

这就是我们想要表达的中心思想。正如政治学所说的，"身份"的概念是具有地域性的，它是当地的风土人情和各种条件作用综合发酵的产物。

一条游走在房间里的蛇：无所不在的支配

随着关于社会身份条件作用的观点日趋成熟，我们现在可以将更多抽象的思考进行具象化。我注意到几乎所有我能想象到的身份条件作用都会通过种种方式影响我们的思维、感受和行为——它们或是像刻板印象风险那样引发额外的风险,或是像"泳池限制"一样对获取机会的渠道进行限制。也就是说,身份条件作用主要是通过施加额外的风险或约束对人们的生活产生影响的。

我是在参加完拉德克利夫高等研究所的一场讲座后产生这一想法的。当时我刚回到自己在斯坦福大学的办公室,就在打开电子邮箱的那一刻,这一念头就在我脑海中油然而生。拉德克利夫高等研究所坐落于马萨诸塞州的剑桥市,原身是拉德克利夫学院——一所著名的女子学院,附属于哈佛大学,位置也就在哈佛广场的边上。如今这里已经是一所闻名遐迩的高等研究院了,来自全球的知名学者和科学家们都会聚于此开展各种年度科研项目。不过我那场讲座的受众主要还是哈佛大学以及其他波士顿地区大学和学院的学生们。我谈到了社会身份以及由此引致的各种条件作用。为了强调社会身份的多样性,我在一张幻灯片上列举了9种社会身份,例如:年龄、性别、性取向、职业、国籍、政治立场等。我当时觉得自己列举的这几项身份还是比较全面的,不想就在我乘坐当晚的班机返回加利福尼亚的办公室,打开电子邮件时,我收到了以下这条新信息:

> 我非常荣幸,今天在拉德克利夫聆听了您关于刻板印象和身份的讲座(我很喜欢您的演讲)。我是斯坦福大学1998

届的毕业生，同时也是一名躁郁症患者。对于您今天讲座中提到的许多条件作用的内容在我身上都能找到共鸣。即便我处于正常状态的时候，我仍然担心被别人当作疯子看待。我曾花费大量时间假装自己是一个"正常"的社会成员，然而，只有当置身于"躁郁症互助团体"中，我才能感到更加自由，人也变得更加开朗些。不过，我不能在今天的问答环节跟您倾诉这些，天知道在现场听了我发言的观众里面有没有人将来会成为我找工作时的面试官，到那时我肯定会备受歧视。我一直在纠结到底要不要将我患病的情况告诉身边的人（现在我正与一些同样患有心理疾病的朋友们住在一起，因此处境会容易些）或是其他一些熟人，包括我的家人。我发现心理疾病并没有列入您那张包含种族、信仰等社会身份的清单，当然它也经常被忽视就是了。不过这倒是给了我一个启发，当您一一列举出各种社会身份时，而我这种情况却并没有包含在内，会不会是因为这种疾病已经令人不适到甚至不愿意提起了呢？您可以以匿名的方式与别人分享我的故事……

很高兴这位同学最后授予了我分享权，这可以让我们从中一窥"社会身份风险"的作用。

它并不是一个带有指向性的风险，不会聚焦在某一个特定的不良结果上。比如给我来信的这位同学并不清楚会出现怎样的状况，甚至并不确定会不会有状况出现，从而更加无从知晓一旦状况出现，会是在何时何地。她只知道自己的躁郁症特质可能会给她招来一些麻烦。负面的条件作用其实很容易想象得出——如果将她的病况告知讲座的观众、她的朋友乃至家人，那么便会立刻带来尴尬的气氛以及自身的羞耻感，之后还可能导致社会的排斥、交流中的不适、失去工作机会、被人指手画脚、被炒鱿鱼等。

正如我之前提到的，身份风险就像一条游走在房间里的蟒蛇，无孔不入。我们这位患有躁郁症的同学必须对她周围的社会环境时刻保持警惕，同时还需不断了解旁人对于躁郁症患者的态度。那条蛇究竟会在哪里现身？它有多凶猛？她会因此而失去工作或是辍学抑或遭到排斥么？

四处游荡的风险令人心神不定，它会使得具有相关身份的人们一直处于忧心忡忡的状态。这就是我想要明确指出的一点：作为"身份条件作用"的一个分支，身份风险会通过某种方式给人们带来额外的影响，而这正是我们的身份对我们自身进行控制的一种主要方式。通过这种方式，我们的身份持续地塑造着我们的行为方式，同时也不断地强化着我们对于自己特定身份的认同。

在那天那场讲座的礼堂里，一个看上去一切正常的大学毕业生，毫无违和感地坐在观众席中，心里却一直在为自己躁郁症的身份而感到忐忑不安。无论身份风险有多么隐蔽和难以捉摸，它都强大到足以让某种身份更加凸显，成为当事人所有行为的指挥棒；强大到令这种身份的重要性远超当事人的其他身份（性别、种族、宗教信仰、年纪、毕业院校等），至少从影响力的持续性来看确实如此。

以身份之名：控制我们心灵的力量

法国散文家、小说家阿敏·马卢夫是一位具有多重社会身份的人士。他出生于黎巴嫩的一个基督教家庭，母语是阿拉伯语，儿童时期曾在法国耶稣学校学习。1976 年，他为了躲避家乡的战乱而移民到了法国并一直定居于此，同时也开启了他的写作生涯。所以马卢夫先生同时拥有至少以下这些身份：黎巴嫩人、法国人、阿拉伯人、天主教徒、作家、男性、政治移民等。可能正是在这些多重身份的影响下，他才能够写出《以身份的名义：暴力活动与归属感》（下称《以身份的名义》）这样一部见解深刻的著作。这本书中提出的核心话题在当今时代振聋发聩——为什么如此多的犯罪和暴力行为都是以某种"身份"的名义进行的？答案就是，如果打着"某种身份受到了侵犯"的旗号开展行动，那么就可以做到许多以个人的力量或名义无法做到的事情。比如打着"保卫国家""守护信仰""维持区域稳定""争取种族权利""维护本群体的国际形象"等幌子，便可以开展一些正常情况下难以想象的活动。《以身份的名义》一书就是这样一部力作，它阐述了恐怖主义、战争以及种族灭绝等对现代文明产生极大破坏的行为的爆发原因，并且在叙述过程中还提到了身份风险给人们的精神世界带来的重大影响：

> 通常来说，人们会通过寻找自身最易受到攻击的某些固有属性（身份）更好地了解自己。有时候，当他无力守护某一属性时，他便会选择将其隐蔽起来。那么这一属性便会蛰伏在黑暗之中，等待某一个启封的时刻。不过无论他接受还是隐藏这一属性，也无论他对此大肆宣扬还是讳莫如深，他的所有认知行为都会受到这一属性带来的影响。于是，无论这种属性是关于肤色、信仰、语言还是阶级，它都会"侵蚀"当事人的身份特质，因此，拥有同样属性的人们之间便会惺惺相惜，他们会聚集在一起，形成合力，相互鼓着劲儿去挑战"另一伙人"。

马卢夫的主要观点与我的看法非常接近，即个人之所以会在情感和思想上对自己的某一身份予以高度重视，其中一个最重要的原因就是这种身份可能会给自己带来额外的风险。正是因为害怕在大庭广众下曝光、害怕今后失去伴侣或工作等，所以观众席上的那位女同学才不敢透露她患有躁郁症的身份信息。也正是这一风险，会将与之相关的某种身份特质从当事人所有其他身份中凸显出来，主导了当事人的感情和思维，也就是说在那一特定时刻，这种特定的身份"侵蚀"了当事人的所有其他身份。

无论是马卢夫还是我都认为能够引发风险的身份条件作用具有最大的破坏力。"由于自带了某种属性而时刻面临着风险"这种想法会让人们格外地在意自己的特别之处。

为了更直观地理解这一观点,请想象一下我们在真实的生活、学习、工作中的一些重要场合,如果在这些场合下个人不会因为自己的某些特质(比如女性、年长者、黑人、带有西班牙口音等)而引发一些需要额外应对的状况,那么这些特质(女性、年长者、黑人、带有西班牙口音等)便不是当事人在这些场合下最为突出的社会身份。当然,他们的确也是你拥有的身份,甚至你可能处于种种原因非常珍视这些身份,但是在上述场合中这些身份并不会对你看待问题的角度、你所认同的人物、你和周边事物的情感互动,以及你的社交倾向等产生重大影响。因此它们不会构成你在上述场合下的核心特质。

所以我要提出一个非常简单的观点:个人对于自己某一身份特征的意识来源于应对这一身份所引致的重大条件作用的互动过程。这些条件作用一般是风险型或是限制型的,譬如针对个人所属群体的刻板负面印象、族群间的相互隔离、歧视和偏见等,所有这些条件作用都源于当事人的某项特质。而正是这一特质引发的条件作用(更多情况下是风险型的条件作用)会让当事人对这一"特质"的认识上升到"社会身份"的高度。

如果在我七八岁的时候,有人告诉我作为非洲裔美国人,我应该更加关心一下自己族群的传统,那么我可能会有兴趣稍微了解一下——一下下就好。但是如果说作为非洲裔美国人，我就会被泳池拒之门外，那么对我来说，这辈子可算是被这个身份给毁了，即使那时我才七八岁而已。当然，这不仅仅是我一个人的包袱，对布罗亚德来说也一样。不过作为他的后辈，我在生活中许多重要场合下遭遇的种族身份条件作用和他有所不同，同时，我以及那些与我身份相仿的人们有时还能够碰到一些相当正面的条件作用。我的这一身份对我的品位、偏好、观点以及自我认知等都产生了重要的影响，不过同时我也不会忘记，这一身份之所以能够左右我的意识和人格，根源还在于它所引致的那个经典的条件作用——只有每周三才能去游泳，其他时间的话就老实在家待着吧。

当然，身份条件作用不都是负面的，也会有正面的和中性的，也即那些由既定社会身份引致的一些不具风险的情况，它们一般是中性的，甚至还有可能是正面的。比方说，男生和女生在如厕时需要进入不同的洗手间，这种安排实际上也是一种性别身份引致的条件作用，但是这种常规操作一般都会被看作中性的，所以我们不会把它放在心上。类似这样的条件作用并不会令我们从性别身份的角度观察、感受和体验外部环境（除非我们进错了洗手间，或是性别特征不明显，那么这种基于性别的卫生间环境便会产生负面的身份条件反应，使得我们对自己的性别身份格外在意）。

同样的道理，正面的身份条件作用也很少会让我们产生身份意识。在篮球比赛开始前进行选人分组的时候，我可能早早地就被挑走了，因为我是非洲裔美国人，而这一身份在大众印象中就是"篮球打得不错"。但是由于被优先选择为队友对我来说没有任何损害，所以我可能并不会对此引起注意，也就是说我忽略了我的这项优势，甚至可能还会觉得大家对我的评价跟其他人没有什么不同。也正是由于这种对自身优势的忽略，才不会让我意识到背后隐含着的身份特质。

由此可见，最能够让你印象深刻的总是那些会引致风险型条件作用的身份，也就是说这种身份可能会给你带来一些不愉快的经历。这种不愉快的经历不一定必然要发生，而是只要存在发生的可能性，那么你就不得不对此保持时刻警惕，从而便会对与之相关的身份特质高度关注。

在我的讲座的观众席上的那位患有躁郁症的女同学便一直被一些问题所困扰着。她很想弄清楚，"为什么连一个专门研究'由身份导致的不利处境'问题的学者都对她这种病况只字不提呢？"，"难道说躁郁症已经差劲到让人们避之不及的地步了吗"？她必须通过各种细枝末节判断她这种患者身份对她来说意味着什么，又会对她的生活产生何种影响。即使她已经将这一身份隐藏了起来，但是以上这些问题还是会让她感到难以释怀。

詹姆斯·科默是一位著名的改革家，曾经参与过全美最为成功的学校教育改革项目。有赖于他的中肯建议，许多原本教学质量不高的公立学校都已显著地提高学生成绩，纷纷华丽变身为名校。他非常清楚那些家境不好的少数族裔学生们会更多地遭遇到我所说的那种身份条件作用，而为了缓解这种困扰，他常会给出一条非常简单的建议，就是如果他们发现自己身边出现某些看上去带有偏见或是歧视色彩的情况，那么最好的办法就是置之不理；如果这种情况再次发生，那么就再次置之不理；不过如果这种情况再三地发生，那么就狠狠地诅咒对方，痛快地回击吧。

科默的建议固然是一个值得一试的策略，不过有的时候，一些乍看上去很像是种族或阶级歧视的现象实际上并非如此。这让我想起此前我还跟吉姆半开玩笑式地猜测说，仅仅根据一些感官上的迹象判断是否的确存在歧视的做法会有多大的错误率，是30%还是70%呢？这个比例会动态变化么？当然，对此我们不可能给出一个确切的数据。但我最欣赏科默这条建议的原因在于，它反映了当事学生们的精神负担——大致来说，那是一种对于不确定性的担忧，担忧他们的种族和阶级会影响到别人如何看待他们，担忧受到各种身份条件作用的侵害。而这个时候，科默的建议可以有效地提高他们这种因不确定而产生担忧心理的阈值，如果这些学生可以不折不扣执行的话，那么在情况明朗之前，他们都能够将许多对于自己身份的不必要的担心暂时搁在一旁。

在多数情况下，身份风险会使得对应的身份更加凸显，从而"侵蚀"掉其他所有身份。我所经历和了解的许多案例都与身份引致的重大风险有关。比如失业风险、被社会排斥、大庭广众下

101　第四章　宏观视角的身份认同

陷入难堪以及类似的处境。也许有人会问，这些条件作用总不至于严重到足以令某一特定身份成为我们行为的主导吧？对于这一问题，我想说的是社会心理学研究活动的一个最有看头的传统特色就是它的戏剧性，因为研究过程中总是会揭示一些与传统观念相左的结论，比如下文将要提到的，即使是最小限度的身份风险都足以让人们站在群组成员的立场上进行思考和采取行动。

最小化群体效应：我们的歧视行为为何如此容易被挑动

1969 年夏，我开始担任英格兰布里斯托大学的主任教授。此后不久，一位享誉全球的社会心理学家亨利·泰弗尔在迈克尔·毕利希、M. G. 邦迪和克劳德·弗拉芒等同伴的协助下，招募了 64 位年纪在十四五岁的男孩进行实验。实验是在布里斯托大学新建成的一所实验室里进行的，男孩们被分成 8 组，并被告知即将开展一项视觉测试。随后将会有一幅由 40 个小点组成的画面在他们眼前一闪而过，而他们的任务则是对画面中小点的数量进行估计。填报完估计值后，孩子们会收到相应的反馈，告知他们的估计值与实际相比是"高估"还是"低估"了，并将他们编为"高估组"和"低估组"。不过这种反馈只是形式上的，因为对于"高估"和"低估"的判断是随机做出的，而非真的基于孩子们的估计。

接下来，孩子们被分别带入单独的小隔间里完成一项"分配点数"的任务。研究人员会交给他们一张分配表，上面列着为其他两个孩子分配点数（每一个点数对应着一定数量的金钱）的各种可能方案，而他们则需从中挑选一个最终方案。其中，每种可能的方案都经过刻意设计以确保不会出现两个孩子配点相同的情况。那么问题来了，这些小决策者们会不会对同属一组的孩子有所偏袒呢（即使"高估组"和"低估组"这样的组别并没有什么实际意义）？

令人无法淡定的是，实验结论给出了肯定的回答。当两个分配对象都是与自己同组的小伙伴时，小决策者们会按照分配表中尽可能平均的方式进行分配；然而如果两个分配对象中只有一个与自己同组时，那么小决策者们便会明显偏向同组的小伙伴，没想到他们竟然为了如此微不足道的身份差别而采取歧视性的做法。

第二项研究是选取另一群年龄相仿的孩子，向他们出示克利和康定斯基（这两位都是 20 世纪早期欧洲的画家，他们的画风和技巧颇为相似）的画作各一幅，并按照孩子们对画作的偏好进行自然分组。随后仍然是"分配点数"的任务，不过这次分配表上的方案由具体的分配方法变成了总体策略的选择：一种是始终在两位对象间进行平均分配；一种是让两位对象的总体收益最大化；还有一种则是始终让与自己同组的小伙伴的收益高过他人，即使这种做法会比在更加均衡的方案下"自己人"获得的绝对收益要小。

这一次，孩子们再次选择了歧视性的方案。在面临"确保两位分配对象的总体收益最大化"和"确保本组成员的收益高于对方"两种选择时，他们坚定地选择了后者，即使这样做会牺牲掉一部分绝对收益也在所不惜。这群来自牛津郡的小男孩们是如此地争强好胜，他们可以为了团队优势而牺牲个人收益，即使他们所力挺的团队只是随机建立的而已。

为了打消那种"牛津郡小男生的行为只是个案"的怀疑，我必须强调的是，自上述实验结论发表后35年以来，类似的实验已经重复开展了上千次，覆盖了全球几十个国家、几百号不同的样本。结果发现实验涉及的所有国家和群体样本无一例外都受到了这种所谓的"最小群体效应"的影响。

人们为何如此容易产生歧视行为呢？泰弗尔和他的学生约翰·特纳给出了一个简单的答案：自尊。我们青睐自己所在的群体实际上就是青睐自己，即使这种群体是极其微小而又不具实际意义的，譬如同处于估计点数的"低估组"。而对于那些更加重要的群体——比如我们所就读的高中，那么这种现象就更加明显。我们对自己高中给予好评实际上就是认可我们自己的一种方式，爱我们的群体其实也就是爱自己的一种表现。这一道理也同样适用于其他各种团体和机构等——我们的社区、城市、同辈、收入水平，等等，相对于其他群体来说，我们很自然会更加偏爱自己群体内的成员，这便是出于自尊的需要而引致的对群体的偏爱。这其实并不一定是一种刻意的行为，但它就是这么真真切切地发生了。

泰弗尔和他的同事们开展的这个实验得出了许多难以被轻易

察觉的深刻结论。我们对自尊的需求是如此强烈，以至于即使再怎么微不足道的群体身份也会让我们引起足够的关注。我们也无须任何其他理由便可以对一个毫无瓜葛的人表现出歧视，只需要"道不同不相为谋"这一个理由就足够了。值得一提的是，以上结论几乎对全世界每个人都普遍适用，除了在某些集体主义社会中，这种现象相对来说没有那么明显。

如此说来，人类的歧视行为还真是容易被挑动啊。无论是成为施害者还是受害者都没有什么门槛，只需要普通人类维护个体自尊的能力便已足够。这是人类精神力量的一种表达方式。

在揭示引发群体歧视的最低条件的过程中，泰弗尔同时也指出了产生群体意识的最低条件。为了对某一特定身份产生感知，并进而被这一身份主导我们的行为，与之相关的条件作用无须太过激烈，甚至不需要有明显的逻辑，只需要产生"最低限度"的风险即可。比如说将当事人归入一个类似于"高估组"这样的"最小化"群体，便足以产生明确的激发身份意识的风险，并且这种风险会在一定时间内成为当事人所有身份中最为凸显的那一个。总之，在身份风险面前，人们都是感性的集合。

社会身份认同的可塑性：从纽约到巴黎的距离

不久前我收听了美国全国公共广播电台一档名为《生活在美国》的节目，其中播出了一段对艾拉·格拉斯的采访，而其中的一些要点恰恰与我们正在研究的学术观点有着重要关联。

这一观点是：如果我们的社会身份（例如种族、性别、政治立场等）的构建过程中，来自地域性的条件作用和来自本人的内在特质起着同样重要的作用，甚至前者的重要性还要超过后者的话，那么这种身份对于我们来说就是一种不安定因素。也就是说，我们对于自己身份的认知以及相应采取的行动可能会在不同的情境下发生各种变化，而其变化之丰富可能超出我们的想象。我们之前所做的逻辑推论已经说明这一点，而我们的实验也佐证了这种现象的确存在。女性和黑人学生们在刻板印象风险引起的身份条件作用下会发挥失常，而当这些条件作用被移除后，他们便恢复了正常。他们的身份在不同情境下对于他们的影响截然不同，这种现象至今仍令我感到忧虑。难以想象的是，只需要对相关的情境进行一定的调整便可以影响到某种社会身份在我们具备的所有身份中的重要程度。那么我们是否能够在现实生活中找到我们所推测出的那种充满着"可塑性"的社会身份呢？只需要一个现实的案例便会让我们的这一思路受到极大的鼓舞。说起来，我们在解惑之道上经常不是"为伊消得人憔悴"而是"为案例消得人憔悴了"。而恰恰在这个时间点上，艾拉·格拉斯的访谈出现在了灯火阑珊处。

这期节目聚焦在了一个中心话题上，即"为什么那么多美国人钟爱巴黎"？格拉斯的兴趣点之一落在了非洲裔美国人的移民问题——非洲裔美国人的作家和艺术家群体长期以来表现出中意移居巴黎的传统，包括著名文学家詹姆斯·鲍德温、女明星约瑟芬·贝克、小说家理查德·赖特以及数不胜数的爵士音乐家等。这是一个传奇般的群体，其历史可以追溯到 20 世纪初期，至今还有一些专门寻访他们足迹的旅行线路。格拉斯在节目中采访了一个旅居巴黎多年的美国黑人女子并询问，现在旅居海外的行为是否还像以前一样受到非洲裔美国人的热捧。

那名黑人女子则以一段自己在美国的亲身经历作为开场白。她出生于布鲁克林，是当地政府实施的低收入人群住房项目的受益者。她是一名优秀的学生，不过一直独来独往，和同龄人交集不多。后来她考进了一所名校，希望能够开启一段理想的校园生活，不过在那里她仍然遇到了环境融合的问题，那些她想要结交的中产阶级的黑人女生们将她视为"扶贫对象"，而她也觉得对方都是"小资女"，双方的火药味越来越浓。而白人女生也好不到哪儿去，根据她的描述，白人女生们基本上不太跟她来往，同时那一时期美国的大环境中还存在着大量的种族问题。所谓社会，就是过往历史和现实生活的投影。目前我们的社会仍然构建于种族特征的基础之上，因而必然会产生各种身份条件作用，尤其是对一个来自布鲁克林的、接受住房项目帮扶的黑人女生来说，这种作用就会更加明显。

后来，她飞去了巴黎，本来只是去放松一下心情，但却发现那里既优美又舒适。于是她定居了下来，找到了工作，并开始认真学习当地语言，打算将自己的未来都托付于此地。

格拉斯接着询问她在巴黎时对于种族问题的感受。她的兴致突然提高了很多，声音中洋溢着幸福感。她说自己在巴黎仍然是黑人身份，不过这对于她的社会交往来说并不是什么要紧的事情，作为一名黑人，尤其是受过良好教育的黑人，在巴黎和在美国受到的待遇大相径庭。她描述了巴黎人对于非洲裔美国人的良好感情，以及与爵士音乐家和黑人文学家的浪漫史。她说在踏上巴黎的第一时间便被当作一个具有完整人格的人看待。

不过她很快补充道，法国人的歧视行为其实也不少。她举例说，法国人对于来自北非（也即之前法属殖民地）的移民就不太感冒，那些人外表看起来跟她没什么区别，只不过她在讲法语的时候会带点美国口音，所以勉强能够区分得开。她说，法国人跟北非移民的关系有点类似美国白人和黑人之间的关系，而且法国社会对于少数群体的包容度还不如美国那般开明，因此无论她的法语讲得多好，她也不可能被视为一个真正的法国人。

不过不管怎样，她还是表示有时在乘坐地铁时发现自己会在潜意识里感谢这个国家对她的接纳，巴黎让她有了归属感，而无论如何她都不大可能返回美国了。

我曾经指出过，所有的身份都是地域性的，根植于当地的各种条件作用之上。而当这位黑人女子移居巴黎时，她的身份条件作用和以前不同了，因此她内心中对于自己黑人身份的常态化重视也就随之改变。在巴黎，她的黑人身份对她的日常生活来说不再具有那么重要的影响了，而且偶尔还能让别人产生好感。更重要的是,她终于摘下了"扶贫对象"的标签,以及与"小资女"们之间的恩恩怨怨。很显然,她在巴黎已经不需要因为自己的黑人或者寒门出身而承受额外负担。那些曾经的条件作用、曾经无比敏感的身份特质都已经不再是问题了。就像格拉斯所说的那样,那些在美国生活时期最为核心的、具有决定性意义的身份冲突随着她移居巴黎而烟消云散了。

她在巴黎实现了布罗亚德在美国依靠冒充白人而达成的状态。通过鱼目混珠,以改变身份的方式留在美国;而通过移民的话则可以保持原本的种族身份,但却要远渡异国他乡。这些策略其实就是一个硬币的两面,但不管怎样都是为了尽可能地降低身份条件作用的影响。

当然,这并不是说这位非洲裔美国女士去了巴黎以后就可以将以前的身份彻底抹去。事实上身份的烙印一直都在,比如她偏爱汉堡以及烧烤,喜欢棒球运动,会在微笑和打招呼的时候流露出美式风情等,她也很喜欢与同样来自美国的移民交往。不过所有这些由她的非洲裔美国人身份所引发的内在特质对她新的生活的影响力已经不像之前那样明显,并且可能会随着时间的推移而渐渐消逝。

回顾她之前谈过的话题,我不禁想要了解,她与真正的法国人之间的那道鸿沟究竟是什么?是不是意味着不能竞选公职,无法从事一些专业领域的工作,以及不能成为医生或教授?我突然又想到,移民其实也是一种破釜沉舟的做法,因为如果再想从巴黎返回美国,那么又需要重新适应那些具有美国特色的、针对她旧有身份(性别、种族等)的条件作用,事实上这些条件作用也在不断变化,所以她离开得越久,为了重新适应环境而需要付出的成本就越高。换句话说,移民的代价就是会被新的身份所局限而变得难以适应母国的新环境。当然,伪造身份也同样存在风险。这就是为什么对于布罗亚德来说,向他的子女坦承真实的种族身份是多么困难。因为这样做就意味着被遣返回黑人的国度,他又得去重塑一个新的黑人身份,应对许多新的针对黑人的条件作用。布罗亚德的妻子曾向盖茨透露道,她每隔一阵子就会劝说布罗亚德向孩子们坦白一切,但总是被他秒拒。那种被"打回原形"的感觉——需要重新学习如何应对由黑人身份所引致的新的条件作用的感觉,实在令人不寒而栗,尤其是对一个存在感很强的人来说。

以上这些想法就是在我聆听格拉斯与那位黑人移民谈话的过程中浮现在我脑海中的。不过即使这些问题已经出现在那位女子身上,她也并没有感到太多困扰,至少听上去是这样。

我和同事们所开展的实验说明,一些被普遍认为是与某种社会身份挂钩的内在能力作用于外部的表现(如女生的数学成绩可能是女生数学能力的反映),实际上会随着相关身份条件作用的变化而发生重大变化。比如我们在实验中曾经通过改变测试者所受到的负面刻板印象风险的强弱程度,从而对测试者的成绩产生明显影响。而通过鱼目混珠或是移民的手段改变身份的策略,让我们意识到我们的实验发现原来只是冰山一角，只是社会身份的深刻内涵中最为肤浅的表层而已。所有这些都说明了，某种既定身份对于当事人生活的影响力取决于与之相关的条件变数，也即那些由当事人的身份所引致的、需要切切实实去应对的实际问题。如果通过伪装或者移民的方式改变了相关的条件作用，那么与之对应的社会身份也就变得无关紧要了。因此，移民巴黎的做法，会使得之前那些足以对当事人的生活产生决定性影响的身份冲突立刻烟消云散了。

以上内容揭示了社会身份的哪些性质？我们又该采取哪些改进措施从而进一步推动我们研究的工作呢？我认为我们至少可以得出两大结论。其一是我们的社会身份是与特定的情境相适应的，这就是我们所提出的"身份条件作用"的概念。如果我们在应对这些条件作用时无须某种社会身份的参与，那么参与构建该身份的一些个性特质，如观点视角、情感倾向、价值观、志向以及习惯等便会逐渐淡出我们的精神世界，并最终四散消失。第二个结论则为本书后文中的一些更加实用性的内容做了提前铺垫。如果你想要改变某些与社会身份相关的行为和结果（比如解决从事计算机研究的女性过少的问题），那么不要想着去改变该身份的内在特质（比如价值观和态度等），而是要去改变那些能够主导内在特质的条件作用。20世纪早期伟大的黑人演员伯特·威廉姆斯曾说道："我从来没发现作为黑人来说有哪些不体面的地方，但我必须承认这种身份会给我带来很多不便。"从中我们可以得出的是，我们不需要改变作为黑人的一些"不光彩"的地方，而是应该改变黑人身份带来的不便之处，也即这一身份引致的条件作用。

我们对于社会身份的认识一直在不断拓展，这非常令人振奋，但正如人们所说的，科学毕竟是一门基于实证研究的、脚踏实地的学问，而我们更深层次的理解则指出了一个明确而又可验证的假设：如果我们之前从女生和黑人身上观察到的现象并不完全是由这些群体的内在特质引起的，而是像我们主张的那样是由刻板印象和身份风险造成的，那么我们应该能够在其他许多群体中发现类似的效应，也即与许多其他的刻板印象相关的各种表现和行为。而所有这些案例都会为我们愈发深入的研究工作提供实证证据。下面就让我们再次回到本书的主线，继续拓展我们对于身份风险的认识，并寻求相应的破解之道。

第五章　对冲负面刻板印象风险

情境压力：正面与负面刻板印象较劲

泰德·麦克道格是就读于一所名校的白人学生。他选修了一门名叫"非洲裔美国人政治学"的课程。在他上第一节课的时候，刚走进教室，他就下意识地清点起人数来。他发现班上一共有 45 名学生，包括他在内一共只有 2 名白人学生，另外还有零星的几名亚裔学生，其余学生全都是黑人。泰德选修该课程本意是为了扩大自己的知识面，不过当他坐上座位时，却感到周围的空气中弥漫着一层浓厚的质疑——这个白人来这里干吗？他甚至都能感到这些质疑已经具象成为一条条视频弹幕，就在他头顶上不停地滚动着。

课程的开头是对相关历史的介绍，主要内容是探讨对黑人实施的暴力行为对于南方地区的白人在美国内战后维护自身统治地位所发挥的作用。课堂上通过幻灯片展示了一些白人鞭笞黑人的照片，授课老师还引导学生们站在当事人的角度去设身处地地思考。随后，课堂上展开了激烈的讨论。泰德注意到黑人学生们开始在发言中不断使用"我们"这个称谓，当然，这里的"我们"显然没有把他算上。接着"白人"一词也出现了。"白人们对这段历史故意避而不谈。""白人们根本就没有为这些罪行负责的意思。"这些话令他感到很不自在。几周后，为了开展相关研究，我邀请泰德在学校的一间书店咖啡角进行了一次谈话。他告诉我，他一直对自己在校期间的学术表现十分上心，但是在这门课上，他必须在其他方面证明自己是一个好人，是黑人之友——一个没有种族歧视观念的白人。

他发现自己在上这堂课的时候必须得一心多用：他得专心听讲和参与讨论，同时还要时刻提防也许他的一句言论，甚至一个想法都可能会坐实周围同学对他的质疑。于是他只得在发言的时候点到为止，尽量避免冒犯他人。比如说他会在课堂上对民权领袖贝亚德·鲁斯廷高唱赞歌，然而实际上他却连贝亚德·鲁斯廷在民权运动中做了些什么都不太清楚，而他又不敢表达出自己的疑惑。他注意到另一位白人同学好像也有类似的表现。大多数时间里他俩都缄默寡言。直到那天的课程结束，授课老师在教室里踱了一圈，挨个询问每位学生的姓名和专业，轮到泰德时，他的声音小得就像蚊子哼哼，他明明叫作"泰德"，但是他当时的发音听上去更像是"海德"。含糊作答后，他便又缩回自己的座位里去了。

以上这些情况直到一个半月后我与他谈话时仍然没有得到改

善。我询问他这种紧张感是否会对自己的学习产生影响，他表示认同。他向我介绍说，有一次他在寝室里阅读圣·克莱尔·德雷克和霍勒斯·凯顿的经典著作《黑人都市》，其中有一节介绍了 20 世纪中期芝加哥城内不断攀升的黑人人口是如何影响到当地政治的。泰德说，读到这里时，他觉得自己无法很好地理解其中的内涵，或许是因为自己有失偏颇，或许是因为不自觉地受到偏见和刻板印象的影响，抑或是自己的想法过于单纯。即使当时只有他一个人在寝室里，他仍然会感到不安，从而让自己的思维也受到了束缚。

不过他认为这门课程对于黑人学生来说是非常有益的。他说："这给了黑人同学们一个很好的展示自己聪明才智的机会。"在学校的大多数课程中，黑人都只是小众，并且常常是极小众。他们在这些课程上的感受与泰德在"非洲裔美国人政治学"课程上的感受是类似的。这也是为什么泰德会坚持参加这门课程的原因之一。与黑人学生们对调处境体现的是一种公平的精神，而更重要的一点是他可以从中得出一些新的观察。他可以亲身感受到环境是如何影响到自己的"聪明才智"的。他所承受到的压力使得他的思维被限制在规避风险、不得罪人，以及肤浅的"点到为止"上，他在课堂学习时几乎做不到全身心投入；同时他发现，黑人同学们由于自身经历和人数上的优势，从而很好地掌控了课堂，他们在课堂上全情投入、热情参与，他们发表的见解往往也令人印象深刻。

我们的谈话还在继续。他说自己之前没有预料到这门课程会对他产生如此大的影响。我也向他介绍了我和我的学生们正在研究的、关于社会身份（白人、黑人等）的意义是如何根植在情境性条件作用中的理论。我告诉他也许这一理论可以解释他为何会在这门课堂上对自己的白人身份产生强烈的意识，可能就是因为在那种场合下他变成了少数群体，而在课堂上谈及的许多对于白人的负面刻板印象（种族主义者或是对种族问题冷漠的人）便会显得尤其突出，这便让他产生了许多压力。

我接着解释道，这种压力实际上就是在这一课堂环境中由他的身份所引致的条件作用，令他陷入了窘境。他认真地聆听着，一脸虚心求教的样子让我感到很受用，于是我更加来了兴致，教导他说这一经历实际上是一次宝贵的阅历，他可以对别的群体感同身受，可以让自己的胸怀更加宽广、世界观更加宏大。他听得更加津津有味了，然后告诉我说如果真是这样那就太好了。不过，当我们的谈话接近尾声时，他跟我说，这一课程最令他感到印象深刻的就是他在课堂上的种种感受，以及这些感受是如何影响到他以及他的黑人同学们的"聪明才智"的。

泰德在这门课程中的各种经历——参与度低下、强烈的自我意识、书本学习中的迟钝表现，以及他低于正常状态的表现等，看起来似乎跟女生在参加高难度数学测试或是黑人学生在参加各种高难度的学术测试时承受的风险非常相像。这些风险具有不同的形式，针对的群体身份也不尽相同。因为泰德是一个白人，而不是女性或者黑人，所以他在受到风险影响时的表现也有所不同；泰德更加担心的是自己在课堂上的参与度以及投入度，相比之下对自己的学业表现反倒没那么紧张。而他所担心自己坐实的刻板印象也不一样：他担心的是被人看作对种族问题漠不关心的人，而非一个不够聪明的人。同时他也知道只有在这种自己成为小众群体的课堂上他才会感受这种压力——而他的黑人同学们则正好相反，这堂课是为数不多的可以让他们尽情享受人多势众带来的安全感的课程。不管怎样，他在这堂课上的确感受到了由刻板印象带来的巨大压力。

泰德的经历展现了一个直白的观点：我们此前观测到的那些能够对女生和黑人的学习表现产生影响的身份风险似乎是一种普遍现象，它们以不同的形式存在于不同的情境中，任何人都难以置身事外，毕竟世上还没有哪个群体能够丝毫不被负面刻板印象所针对，无论年长者、年轻人、北方人、南方人、新教徒后裔、电脑神童、加利福尼亚人等无一例外。而当具备这些身份的人们在从事与针对他们群体的负面刻板印象相关的某些活动，或是处于与之相关的某些情境，他们都会感受到刻板印象风险；他们都会承受着无形的压力，担心自己坐实这种刻板印象，继而遭受相应的对待。类似的身份风险——也即身份条件作用，已经渗透到了我们每个人的生活中。

然而，在我们研究工作的早期，我们还没有证据证明身份风险其实是我们生活中不可分割的一部分。我们曾经展现了身份风险给数学能力出色的女生以及黑人中的优等生所带来的巨大影响，这其实已经体现出了一定的普遍性：在两个群体中都发现了类似的情况，并非个案。不过也许有人会质疑说女性和黑人这两个群体可能已经将针对他们自身能力的负面刻板印象内化于心，而这样的内化作用会使他们成为刻板印象的易感人群，所以我们实验中发现的那些效应其实可能正是由这种易感性引起的。回顾我在第三章中提到的高尔顿·奥尔波特的那句名言——若要令某人的社会形象和声誉（无论是否名副其实）深入人心，则须从其个人特质上着手刻画。那么究竟有没有人从未遭受过这种"刻画"、也不曾因此而陷入自我怀疑，但仍然会被身份风险制造出的效应所影响呢？

从事科学研究的人经常挂在嘴边的一句话就是："这是一个实证性的问题。"一个能够并且必须通过研究而非臆想检验的问题。我们认为，如果想要回答刚才提到的问题，需要经过两个步骤。其一是弄清楚刻板印象风险效应的产生是否必须以对该刻板印象的"易感性"作为先决条件。其二则是观察刻板印象风险是否确实可以通过不同的形式对其他群体的各种行为产生效应。

于是我们先从解决第一个问题入手，与实验团队以及同事们一起整理思路。这时候，我想到了坐在大厅对面办公室里的同事李·罗斯。李是一位考虑问题面面俱到的学者，曾经有位社会心理学家将他比作爵士音乐家查理·帕克，从此大家便常常称他为社会心理学界的查理·帕克。他说话时语速很快，就像爵士萨克斯手一样可以通过对各种音符的熟练吹奏而驾驭一段复杂无比的音乐旋律。他的一些见解通常都会对我们的工作助益良多，所以这次我也去征询了一下他的意见。

这次谈话促成了一个解决方案的出炉。不过看起来我们必须得挑战一下不可能了：我们需要对某个特定群体施加刻板印象的风险，而这一群体在相关方面尚未受到负面刻板印象的影响，从而也就不存在对于该刻板印象的"易感性"。如果实验结果发现这一群体同样发挥失常，那么我们便可以认为刻板印象风险发挥作用是无须相关的"易感性"作为前提的。也就是说，只要存在相关的情境，刻板印象风险就能即时产生效应。而如果这一群体没有表现出异常，那么便说明人们对于刻板印象风险的感知是需要"易感性"的建立作为前提的。不过话说回来，应当怎样操作呢？我们如何才能对一个在特定方面尚未被负面刻板印象针对的群体施加刻板印象风险呢？

我和约书亚·阿伦森、迈克尔·露丝缇娜、凯利·基奥、约瑟夫·布朗、凯瑟琳·古德等同伴群策群力，最终想出了一个好办法。我们首先挑选出数学成绩优异且高度自信的白人男生，然后利用大众对于另一群体——亚裔美国人数学能力的正面印象让这些白人男生感到压力。具体而言，我们会让这些白人男生们接受一场高难度的数学测试，并且在测试前告知他们我们正在开展一项关于亚裔美国人数学优势的研究，而这场测试就是为了证明亚裔美国人的数学能力优于白人。如此一来，我们便可以将这些白人男生置于类似此前实验中女生和黑人学生们所面对的充满刻板印象风险的情境之中。也即这些白人男生可能会面临着坐实自己群体的数学能力不如亚裔美国人的风险——只不过这次他们并没有被刻板印象直接针对，而是在面对其他群体专属的正面刻板印象时相形见绌。于是，在测试中难免遇到的一些解题困难对于身为白人的他们来说可能就是表明他们不如亚裔人的证据。这种看法，以及可能因此而受到的相应对待，足以让这些热衷数学的白人学生感到沮丧和分心，从而影响他们的测试成绩。

之前提到有的质疑者认为负面刻板印象可能会使得白人女生和黑人学生们在心理上产生一种"自我怀疑"的意识，而这种"自我怀疑"是刻板印象风险得以生效的必要条件。然而，世上并不存在什么"白人男生数学能力不佳"之类的负面刻板印象，这就意味着这些白人男生们从未被这种偏见"刻画"过，于是便不会内化出"自我怀疑"的心理了。所以，如果他们在面对着关于亚裔人数学能力的刻板印象时发挥失常，那么我们就可以认为这种情况是因为刻板印象风险在特定情境下即可发挥效应，而非必须以某些根植于长期社会化进程中的"自我怀疑"作为前置条件。

以上就是我们的逻辑推理。当然，我们也明白，可能还是会有人坚持认为虽然白人男生并不会直接被认为他们群体数学能力低下的刻板印象所"洗脑"，但是他们应该多少也对有关亚裔学生数学能力的传统观念有所耳闻，所以也可能在内心中萌生出某种在数学能力上逊于亚裔学生的想法。经过深入思考后,我们认为无须对此太过在意,因为得知某个群体在某一方面风评不错并不意味着该群体以外的人就一定不如他们,况且如果不曾与大量数学能力优秀的亚裔学生有过近距离接触,那么倒也未必一定听说过相关的刻板印象,或是对此深信不疑。

即便如此,为了以防万一,我们还是只挑选了斯坦福大学白人男生中的数学尖子生——他们 SAT 数学部分的平均分数高达 712 分(满分 800 分),并且普遍对自己的数学能力充满了自信。很难想象这样一组选手会因某些刻板印象而对自己的数学能力产生怀疑。因此,如果这些白人男生在面对有关亚裔学生数学能力的正面刻板印象时出现了发挥失常的情况,那么我们便有相当的把握断言这是由刻板印象风险间接引发的情境压力。

不出我们所料,实验的结果非常明显——面对着同样一张由 18 道问题组成的测试卷,那些被告知"亚裔学生的表现强于白人"的组员们平均要比未接受任何提示的组员们多做错整整 3 道题。

就这样,通过对测试活动的额外解读便可以人为制造出刻板印象风险,从而使得这些数学能力超群的白人学生们的表现受到严重干扰,而在这整个过程中,并没有看到"自我怀疑"或是"易感性"的影子。

差不多在同一时间,远在美国另一边的哈佛大学的一组研究人员也发现了更多、更强力的证据证明刻板印象风险本质上是一种情境式的风险。研究人员玛格丽特·施、托德·皮汀斯基和娜里妮·安贝迪提出了一个有趣的问题，即当某个群体在某一特定领域同时兼有两种身份，尤其是当这两种身份分别对应了一种正面刻板印象和一种负面刻板印象时，由此产生的刻板印象风险将会如何产生作用呢？他们设想的例子是亚裔女生群体的数学表现。亚裔女生具有两个与数学能力相关的身份，她们的性别身份会引发负面的刻板印象，而她们的种族身份则会引发正面的刻板印象。

如果说刻板印象的风险总体上是情境化的风险，那么也许可以通过改变情境强化亚裔女生某一方面的身份意识（种族或是性别），从而对她们的数学成绩施加相应的影响。

施女士和她的同事们曾在波士顿地区大学里组织了一些亚裔女大学生开展了一场研究，研究内容分为两个部分，首先是对这些学生进行一个简要的背景调查，随后是一场 20 分钟 12 题的高难度数学测试，题目均选自加拿大数学竞赛——加拿大国内一个权威的高中数学竞赛。这其中，开展背景调查的目的就是为了在测试之前对这些女生进行数学能力相关身份意识的刻意引导，如果需要引导性别意识，那就可以询问她们"寝室是不是男女合宿""为何更愿意男女合宿"等问题；若需淡化性别意识，则只询问诸如"通讯服务质量"等问题；如果需要引导种族意识，那就可以询问她们"在家里说话时用哪种语言""已在美国定居了几代人"等问题。而这次研究得出了非常明确的结果，那些在背景调查中被引导产生性别意识的一组测试正确率是43%，而未被刻意引导身份意识的一组测试正确率是49%，这一反差再次印证了刻板印象风险对女性数学表现的不利影响。更重要的是，还有一组被引导产生种族意识的女生，她们的测试正确率达到了54%，完全不存在"发挥失常"的情况了。只是单纯地在这场12道数学题的测试前对这些女生的身份意识做了不同方式的引导，便可以让不同组别的平均成绩出现足足2分的差距，如果将这种效应等比例放大到一场常规的、题目更全的测试中，那么反映到总体成绩上的差别将会更加显著。

以上的研究发现并不意味着数学技能或者一些内生性的数学能力缺陷（比如女性的一些内在特质等）对于她们的成绩丝毫没有影响。事实上，这些内在特质可能会影响应试者的总体成绩水平。不过研究也证实了在当事人测试过程中最为凸显的某个身份（也即会让当事人陷入或者脱离刻板印象风险的某个身份）同样会对最终成绩产生进一步的影响。这说明了一个重要的道理，即不论某个群体在某方面具有怎样的能力或缺陷，刻板印象风险在不同情境下的表现——社会身份的条件作用都足以对他们的学习表现产生实质性的影响。

同时，以上发现也提示了一个消弭刻板印象风险效应的可能方案，即对当事人进行心理暗示，使其产生另一种对立的身份意识，从而与负面刻板印象进行对冲。几年前，我曾与一位名叫克尔斯滕·斯托特迈耶的研究生在不经意间发现了相关证据。在女生们开始数学测试之前，我们会特别提醒她们是斯坦福大学的学生。而这一提醒有效降低了刻板印象风险对于她们测试成绩的影响。后来，我们又得知 R. B. 麦金泰尔、R. M. 保尔森和查尔斯·洛德等学者也通过独立研究得出了同样的发现。他们在测试之前向女生们展示了一些相关的女性楷模，从而大幅降低了刻板印象风险对于女生数学测试成绩的影响。

科学就像人生一样，很难一眼看透。不过在层出不穷的研究发现的启发下，我们还是满怀信心地得出了一个直截了当的结论：刻板印象风险不是某些特定群体的"专利"，如果它的作用发挥一定要以某种"易感性"作为前提的话，那么这种"易感性"充其量也就是对相关的刻板印象有所耳闻，再加上一点儿希望在相关领域有所表现的进取心。正如我早前提到过的那样，在相关的群体当中，学生的能力越强，刻板印象风险所发挥的效应就越大——这同样也可作为反驳"基于'自我怀疑'的'易感性'是刻板印象风险发挥作用的必要条件"的一大理由。对于这一问题的理解正在不断明朗化。看来刻板印象风险就是一种情境性的压力，它对于学习表现的影响不需要以当事人内生的"易感性"作为前提。

为了进一步验证这一结论，我们还需要更多的案例证明刻板印象风险效应的普适性。如果说这种效应的发挥无须建立在内生"易感性"的基础上，那么我们理应从更加广泛的群体身上发现与之相关的刻板印象风险效应的存在。这也就是我们的实验团队以及其他社会心理学者的下一个研究任务。

关心则乱：普适性压力产生的先决条件

让-克劳德·卡伦兹是一位法国的社会心理学家，曾在美国研修博士后。他是一名中等身材的男子，精干的体型表明他是一位马拉松爱好者。他求知欲旺盛、心思缜密，无论考虑问题还是从事研究都一丝不苟。他来自一个工薪阶层家庭，而法国的社会阶层就如同美国的种族身份一样，都是划分社会地位的标准。可能正是由于这一身份背景使他注意到，在自己授课的法国大学中一些出身社会底层的学生在文化课程和语言方面的学习效果似乎受到了某种抑制，即便是其中最用功的学生也不能幸免。当他正在踌躇如何对这一现象做进一步研究时，恰好读到了我和约书亚·阿伦森发表的关于刻板印象风险对非洲裔美国学生测试表现产生影响的研究报告。他心中立刻想到了一个有关普适性的问题：我和约书亚从实验中从黑人尖子生身上发现的状况会不会与他在教学中从法国底层阶级学生身上发现的状况在本质上是一回事呢？会不会是"刻板印象风险"有一个专门针对法国底层阶级学生的"变体"，导致了这些大学生在语言课程和其他学术课程上的学业问题呢？刻板印象风险是不是人们的一种普遍经历呢？

让-克劳德和他的助手特雷莎·克莱尔针对这一猜测进行了首次验证。他们在法国东南部的克莱蒙费朗大学做了一场实验，参照我们在斯坦福大学中招募白人和黑人学生的做法，他们也招募了出身社会上层和底层的法国大学生，并将他们分为两组，每个组分别完成一项高难度的语言测试（同样是 GRE 类型的题目）。其中一半的学生被告知这场测试的目的是评估语言能力——通过这样的引导语，可以让底层阶级的学生们在测试遇到难题时开始担心自己的表现会坐实"法国底层阶级的人语言能力不佳"的刻板印象，从而陷入刻板印象风险。而另一半学生则被告知这场测试并非语言能力评估，从而不会让他们将测试体验与针对社会阶层和语言能力的刻板印象挂钩。

最终的测试结果与我和约书亚实验的结果如出一辙。在被告知"测试与语言能力评估无关"的一组中，底层阶级学生在总共 21 道题的语言测试中平均答对了 11.4 道题，比上流阶级学生平均 10.3 道题的成绩还要稍好一些；然而在被告知"测试旨在评估语言能力"——也即将底层阶级学生的测试表现与针对他们能力的刻板印象挂钩的一组中，底层阶级学生的成绩相比上流阶级学生平均多错了将近 3 道题。这次的刻板印象风险是由针对特定社会阶层语言能力的刻板印象所引致的，而非之前针对特定种族认知能力，或是针对特定性别数学能力的刻板印象。由此可见刻板印象风险在各种不同的群体、不同情境以及不同的国家和文化中普遍存在。

北卡罗来纳州立大学的巴克、托马斯·赫斯以及他的同事们开展了一次反映刻板印象风险普适性的实验——一次直击我心灵的、针对像我这样年长者的实验。社会上显然存在着某种有关年龄和记忆力的刻板印象,那么,担心坐实这一刻板印象的风险会否切实影响到年长者的记忆力呢?为此他们做了一个实验,让一些年长者(平均年龄70.8岁)和年轻人(平均年龄19.3岁)学习一些材料,其中包括一个记忆测试,内容是先利用2分钟的时间学习30个单词,然后尽可能地将所记住的单词默写下来。研究人员安排一组年长者在正式学习开始前先阅读一篇新闻报道,大意是"记忆力的确会随着年龄的增长而下降"。这样做是为了让这部分年长者更加明确地意识到有关年龄和记忆的刻板印象,从而使他们置身于可能会坐实刻板印象的风险中;而其余的年长者则不安排阅读新闻报道或是阅读一篇指出"年龄增长对记忆力几乎没有影响"的报道。实验发现,阅读了那篇意在唤起刻板印象意识的报道的一组年长者在记忆测试中的识记率是44%,低于未被唤起刻板印象意识的另一部分年长者的识记率58%。事实上,对于身处刻板印象风险的群体而言,越是对这种针对年龄老化的刻板印象耿耿于怀,在测试中的表现就会越糟糕。同时,大量有关刻板印象风险的实验证明,越是期望自己拥有良好记忆的年长者,在测试中的识记率就越低。

最后一个关于刻板印象风险效应普适性的案例来自本书第一章里提到过的来自亚利桑那大学的杰夫·斯通和同事们所开展的、关于刻板印象风险对一群重视运动能力的普林斯顿大学学生的高尔夫测试表现产生影响的有趣研究。

在这一研究结果发表后的近15年间，有关刻板印象风险效应的研究犹如雨后春笋般在全球范围内不断涌现。在包括女性、非洲裔美国人、男性白人、拉丁裔美国人、美国三年级女生、亚裔美国学生、有志成为临床心理学家的欧洲男性（针对他们的负面刻板印象风险则是"男性的'共情'能力偏低"）、法国大学生、德国小学女生、服役于意大利美军基地的美国士兵、商学院女生、白人和黑人运动员、美国年长者等在内的诸多群体中都发现了刻板印象风险效应。同时研究也证明了这一效应可以影响到多种个人能力的表现，包括：数学能力、表达能力、分析能力、智力测试水平、高尔夫技术、反应速度、语言文字应用、谈判中的压迫力、记忆能力、跳高成绩等。对于这种压力的感受无须特别的"易感性"作为前提。研究发现的唯一一个先决条件就是当事人必须对自己在相关领域的表现予以重视。只有重视才会令当事人担心自己的表现可能会坐实相关的负面刻板印象，从而被不良情绪干扰到正常表现。

每次当我在演讲中阐述这些观点时，人们常会在第一时间提出几个问题："这种风险究竟是通过何种机制对当事人产生影响的？""如何在社会生活中尽量降低这种不利的刻板印象风险效应呢？"接下来的几章中会有大量的篇幅谈及这两个问题。另外，可能还会有人略显失望地问道："尊敬的教授，难道人们就不能全力以赴去克服这些该死的刻板印象吗？"当我写到这里的时候，耳畔突然回响起我的父母关于这一问题对我所做的教诲。

在此我想要援引一下我父母的观点，也即我经常与他人分享的一句话："你说得对，孩子。刻板印象风险真的非常糟糕，不过你应当化压力为动力，努力摆脱刻板印象风险的束缚，证明那些刻板印象以及那些戴着有色眼镜的人是有多么荒谬！"

第六章 身份威胁：
努力的结果未必都是好的

别所有问题都自己扛：单打独斗抗衡分工合作

菲利普·尤里·特雷斯曼是一名数学家，他建立了一个创意工坊，专门为一些在数学能力方面受到负面刻板印象影响的学生教授高等数学课程——工坊的第一批学员是加利福尼亚大学伯克利分校的黑人学生，接着是得克萨斯大学奥斯汀分校的女学生。从特雷斯曼的谈吐中可以明显感到他和许多数学家一样，早已沉浸在思维活动带来的乐趣之中。他不断追求着新奇想法，并将其视为创新之源。

他的工坊就是他职业早期的一个新奇创意，他还因此获得了麦克阿瑟天才奖。工坊主打的是沉浸式的数学教学体验，这其中最核心的当数所谓的"集体学习法"，这种学习手段的成功案例遍布全国。比如，最早参加工坊学习的那几批伯克利分校的黑人学生在大一微积分课程中的表现可以说是鹤立鸡群；而在研究生阶段攻读数学的女生中也有相当一部分人是曾在特雷斯曼工坊学习过的得克萨斯大学奥斯汀分校的女生。

不过在此我想重点介绍的是他的另一块工作内容,也即他在职业早期从事的人类学研究,而他建立工坊的创意也正源自于此。一切都源于他在伯克利分校教授大一微积分课程时的一些发现。这些发现和此后我在走访密歇根大学时的发现一致。当时我观察到的是:将白人学生和黑人学生按照入校时的 SAT 分数进行分组并分别记录下他们的大学成绩后,便可以明显看出黑人学生在大学期间成绩偏低。而特雷斯曼在大一微积分课堂上观察到的是:在入学时 SAT 数学分数相近的学生中,黑人学生的成绩通常比白人和亚裔学生要低。我总在想,特雷斯曼的一个最主要的念头就是觉得这种现象不应当被熟视无睹。可能这也就是他开展人类学研究的初衷吧。

在获得学生们的许可后,他开始对学生们的课外生活进行跟踪式调查,了解他们在哪里、和哪些同伴一起,以及如何学习。他一路跟去寝室,也跟去图书馆,他们走到哪儿,他便跟到哪儿。

很快地他便发现了不同群体间的差异,其中黑人和亚裔群体之间差别最大,白人则居中。具体来说,亚裔学生们一般都是集体学习的——无论是以正式还是非正式的形式,这一特点比黑人和白人学生要突出很多。而这种集体学习的方式会给微积分的学习带来很多益处,比如可以让做作业成为一项集思广益的活动,一旦有人被难题卡住,那么其他知道如何解题的同学便会挺身而出。如此一来他们便可以把更多的时间用于理解微积分的原理，而非耗费在单纯的数学计算上（这样有助于提高作业效率）。个人的理解错误，甚至包括助教的指导失误都会很快被其他同学发现并及时纠正。亚裔学生们在学习和生活习惯方面也基本保持一致，每周六的图书馆晚自习成为形影不离的好友之间的一种集体社交活动，通过共同学习和共同解题建立起"革命的友谊"。

相比之下，白人学生的学习就独立得多。不过好在他们遇到问题时会第一时间向同学或助教寻求帮助。他们在课外也会一本正经地讨论微积分的话题，甚至还会交流难题的不同解法，但与亚裔学生不同的是，他们在社交活动中很少关注学术方面的内容。

而根据特雷斯曼的观察，黑人学生与以上两个群体的差别都很明显。他们极度地独立，将学习看作绝对的私事。下课后，他们就回到自己的房间，关上房门然后便开始埋头苦读——他们的学习时间远多于亚裔和白人学生。他们中很多人都是家族里第一个大学生，承载着全家人的希望。特雷斯曼坐在学生宿舍的床铺上，观察这些黑人学生们的学习状态，便大致明白了他们为何会在课堂上表现欠佳。没有人跟他们交流，唯一能够验证他们对知识的理解是否正确的途径就是去翻看书尾的答案页。他们花费了大量的时间闭门造车，在反复核对计算答案的过程中消磨时光，而少有余力去关注微积分的内在原理。这种学习方式无法帮助他们加深对学术概念的理解。所以尽管他们非常用功，尽管他们花在学习上的时间相比其他群体来说只多不少，但是他们的成绩还是不如班上的白人和亚裔学生。成绩上的不如意，叠加上那些时刻萦绕在他们脑海中的针对种族的刻板印象，足以让黑人学生们心怀沮丧，进而对自己的归属感产生怀疑。

即使备受挫折，他们仍然不愿意在课后讨论学习话题，并且坚决将学习和社交划清界限。这样一来他们就无法得知其实其他的同学也会遇到学习上的焦虑和困难，反而觉得只有自己才会遇到问题，从而对自己乃至自己群体的能力产生怀疑。同样糟糕的是，他们也不向助教求援。每次考砸了以后他们便会加倍用功地闭门造车，投入大量的精力但收效却不成比例。久而久之他们的斗志便消磨殆尽，最终以"微积分乃至整个伯克利分校都不适合自己"的结论收场。同时，在诸如微积分之类的入门课程上成绩不佳将会使一些职业（例如物理学家、牙医、工程师等）发展的前景变得黯淡。入校时豪情万丈的学生们，在短短几个月的微积分课程结束后，便不得不对他们的目标进行修正。他们可能会将毕业后的职业目标从医生调整为公共卫生系统工作者，因为后者不需要具备微积分知识。

特雷斯曼跟踪调查的对象中有一位叫作杰夫的学生，他毕业于旧金山最好的一所教区高中，入校时的 SAT 数学分数直逼 600 分，这在全国都排得上名次，更是非洲裔美国学生中的佼佼者。他的学习积极性很强，并且得到了来自家庭和社区的大力支持。以下是特雷斯曼对杰夫大一生活的一些描述：

我们初次见面的时候，杰夫便怒不可遏地向我吐槽微积分课上邻座的两个白人学生一边看色情杂志一边把藏在纸袋里的啤酒拿出来喝。期中测试前，他特地向神明控诉这种亵渎行径，并怀着福音传道般的热情，祈祷着"正义的最终降临"。谁知几周后他竟得知那两个白人学生的测试成绩都是 A，而他自己却只得了 C，于是他彻底崩溃了。他颤颤巍巍地找到助教，为自己的糟糕成绩表示歉意，同时一并寻求帮助。助教很快便反馈说，他认为杰夫并没有为在伯克利分校学习做好准备，因此建议他转去一所社区大学。于是，杰夫听取了助教的建议，在大一的第一学期结束后便申请了退学，随后转入旧金山城市大学进行下一阶段的学习。

几年后，当我们再次聊起他在伯克利的这段经历时，杰夫说那两个白人学生取得的好成绩对他来说是当头一棒，不过也仅此而已，而成为压垮他的最后一根稻草的，是他获得的期末评级。他甚至都没能猜中自己究竟哪些科目没有及格。举例来说，他的科目 A（英语补习课程）的导师总是给予他充分的鼓励和耐心，但却最终判了他不及格，这让他觉得自己受到了背叛。他觉得自己仿佛置身迷宫之中，失去了方向，他既找不到课程学习的重点，又不知道再次尝试的时候他该从何着手加以改进。除了学业问题之外，杰夫还对学校办公室的一些行政人员产生了一连串的误会，觉得这些教职工一直对他出尔反尔。因此他越来越觉得自己不属于这所学校。

当然，类似的遭遇在其他大学的学生身上也会发生，这跟群体身份并没有什么必然联系。入校前的雄心壮志随着大学学习的起步而备受打击的现象比比皆是、且大同小异，很难让人想到从群体的角度出发看待此事。而正如我此前提到的，特雷斯曼的过人见识就在于他注意到了这其中的族群问题，继而透过现象发现了问题的本质。他注意到黑人学生一直在努力打破那些针对他们学习能力的偏见，但他们采取的是孤军奋战的方式，而这种学习方式往往会给他们带来失败和打击。他们不可谓不用功，他们也像我父亲说的那样试图化压力为动力（也可能他们自己的父亲也是如此教导他们的），但他们却只知道独自一个人硬扛。相比之下，其他同学却是群策群力，依靠集体智慧的力量使得学习的过程变得更加愉悦和充满效率。

用力过猛：对付偏见的策略

我一直怀疑特雷斯曼从黑人学生身上观察到的这种"用力过猛"的现象（姑且如此称之）可能是一种普遍情况，广泛存在于日常生活中。而几年前我在走访普林斯顿大学时与好友卡罗尔·波特之间的一场谈话，更加加深了我的这一怀疑。

卡罗尔是一名社会心理学家，她职业生涯中的很大一部分时间都致力于改善本科生在诸如普林斯顿、斯坦福等高校的校园生活体验。她和她的系主任曾邀请我走访普林斯顿大学，并就改善少数群体学生的在校表现发表建议。在走访临近尾声时,卡罗尔不经意地向我提及她和其他同事在为选修有机化学课程的学生们提供学业咨询时发现的一些情况。在全美范围内,有机化学都是进入医学院深造的前置课程,如果在这门课程上表现不佳,将会极大地降低进入医学院深造的成功率。鉴于这门课程同样难度颇高,普林斯顿的学生们逐渐摸索出了一些顺利过关的套路。比如有些学生会先从头到尾完整地试听一次,然后再正式选修这门课程;另一些学生则会利用暑期实践去其他一些竞争相对较小的学校读完该课程,然后再设法把获得的学分转入普林斯顿。实际上,当校方发现某些学生在学习这门课程中遇到困难时,他们可能也会向当事人建议以上任意一种策略,以免他们继续在该课程上吃力不讨好,甚至影响今后的学医之路。

根据卡罗尔的描述,当校方将以上建议提供给白人和亚裔学生时,他们大多会予以采纳,立刻退出当前课程,并转而实施替代方案;但令卡罗尔感到惊讶的是,当黑人面临同样的情况时,他们多数会拒绝替代方案,选择继续坚持,直到错过可以自由退课的时间窗口,最终也往往是以一个糟糕的分数收尾,从而令自己将来学医的可能性变得十分渺茫。

到此为止,我对特雷斯曼的研究结果有了更深刻的理解。卡罗尔发现的情况更像是特雷斯曼研究内容的另一种表现形式。根据她的描述,我猜想黑人学生们之所以如此执着地在有机化学课程中苦苦挣扎,可能就是为了像我的父亲,抑或他们的父母所教诲的那样，用实际行动反击那些盘旋在他们脑海中的负面刻板印象。其他那些没有这种心理包袱的学生如果置身于同样的处境中，便可以轻易实现转圜，但他们却坚决不肯变通，这是否也是一种"用力过猛"的表现呢？

目前我们已经在多个学术场合中发现这种"用力过猛"现象，并且能够证明它会对学习表现产生破坏。这与我和研究生大卫·努斯鲍姆[①]所做问卷调查的结论一致。大卫是一名研一学生，本科毕业于耶鲁大学哲学系。他非常热衷于不断追寻问题背后的内涵和逻辑，用心理学术语来说就是剖析问题。而现在我们便恰好面临一个有趣的、值得剖析的问题，即特雷斯曼在研究中发现的，以及卡罗尔·波特在为有机化学课程提供咨询的过程中发现的黑人学生"用力过猛"和我行我素的现象，究竟是由刻板印象和身份风险引起的，还是非洲裔美国人在漫长的社会化过程中所形成的普遍特质呢？此时我仿佛再一次听到了父亲的教诲——想要成功，就必须比别人加倍努力。会不会这种教诲已经被黑人们内化于心，成为一种行为准则，使得他们即使在没有身份风险影响的情况下也会极度用功呢？

正如我所说的，大卫是一个剖析问题的行家，他很快便设计出一个一石二鸟的实验。目标一是验证能够在实验环境中诱发"用力过猛"行为；目标二则是在目标一成立的前提下进一步验

---

① 大卫·努斯鲍姆后来多次来华讲课授学，他的中文名叫"牛大伟"。——译者注

证以上哪种解释是更加合理的。

我们这个实验的核心内容是一个"易位构词"游戏，也就是将一连串杂乱无章的字母重新排列以组成有意义的词语。有的易位构词非常容易，比如将"ebd"三个字母重构成单词"bed"（床），也有的非常复杂，比如将"ferhziidsaenncd"这一串字母重构成单词"disenfranchised"（被剥夺权力的）。实验的第一项内容是让斯坦福大学的白人和黑人学生完成 20 道高难度的易位构词题目。我们会把题目的难度调高到梦魇级别，以便让学生们产生类似在微积分或者有机化学课程上出现的挫败感。第二项内容则是易位构词和类比题目的混合测试，这里我们会允许学生们自由选择测试中易位构词题目的数量。这一项内容主要就是观察学生们在经受了第一项测试的打击后还有多少人愿意继续挑战这种易位构词测试——这实际上就是模拟当学生们在有机化学课程上遭遇学业困难的时候，还会有多少人愿意冒着失败的风险选择坚持到底。

实验得到了明确的结论：没有人愿意继续尝试了。当这一测试仅仅被视作实验任务时，无论黑人还是白人学生都不愿意挑战更多的易位构词题目了，顶多碍于面子而加入四五道题目，但绝不会再多了。这说明所有人在面对高难度的易位构词题目时都具有知难而退的能力，正如白人和亚裔学生在选修有机化学课程遇到困难时会及时喊停并重新安排学习计划一样。

另外还有一组测试对象，他们的实验流程也跟前一组一样，不过唯一不同的是他们会被告知易位构词测试目的在于评估认知能力。在这一信息的影响下，这一组中的黑人学生便将易位构词任务与针对他们族群认知能力的刻板印象挂上了钩，他们会认为在测试过程中遇到的解题困难可能坐实针对他们族群的刻板印象。于是他们便与同组的白人学生产生了差异，因为他们现在已经受到刻板印象风险的影响了。

所以，他们现在在第二项测试中会不会选择挑战更多的易位构词题目呢？他们会为了回避刻板印象风险而尽量减少易位构词的题量么？还是说他们会基于对自己认知能力的自信，选择遵循父辈的教诲，试图挑战更多的难题以期颠覆那些刻板印象呢？这一次，我们同样得出了明确的答案。这一组中黑人学生们的表现就像此前特雷斯曼在伯克利的学生宿舍以及卡罗尔在普林斯顿的有机化学课程上观察到的一样，他们会选择坚持坚持再坚持。同组的白人学生们由于并未受困于刻板印象风险，所以他们跟上一组学生们一样会礼节性地多做 4 道易位构词题；但这一组中的黑人学生们却选择了多达 8 道的易位构词题，也即双倍于正常情况下他们愿意接受的题量，这下真可以说是把努力值给拉满了。

就这样，我们这次实验的两大预定目标都顺利达成了。首先，事实证明我们能够在实验环境中激发出黑人学生们"用力过猛"的表现——几乎轻而易举就能够做到，侧面说明这一现象是真实存在的。其次，这种"用力过猛"的现象似乎更像是由基于刻板印象风险的身份压力所引发的。原因在于当黑人学生们仅仅将易位构词视为一种纯粹的、与认知能力不沾边的解谜活动时，他们并未展现出异常积极的态度。在不受刻板印象风险影响的情况下，他们并没有表现得比其他人更努力。简言之，如果没有刻板印象风险，"用力过猛"的现象也不会出现。然而，当他们因刻板印象的出现而进入反抗状态时，他们便会比别人付出双倍的努力——这种努力程度与我父亲经常挂在嘴边的那句教诲倒是十分吻合的。

由此看来，如果这些黑人学生遭遇学业问题，他们似乎并不会向挫折和刻板印象风险屈服，而是会全力以赴、迎难而上，正如他们的同胞在有机化学和微积分课程上表现的一样。只要他们感受到针对自己族群的刻板印象带来的压力，那么根本无须父母督促，他们也会自然而然变得更加用功起来。

扼杀幽灵：一场西西弗式的对抗

那么现在的问题是，这种额外的推动力是否总是会对个人的表现和成就造成阻碍呢？万千黑人父母们众口一词的那句教诲会不会压根儿就是错误的呢？让我们想想黑人棒球明星杰基·罗宾逊是如何在黑人圈子里被奉为传奇的，再想想《乌木》杂志为何半个世纪以来每个月都会用一个专版对在破除种族藩篱方面有卓越贡献的人物进行详细报道。对于生活在美国的黑人族群来说，人生的主旋律就是通过努力打拼破除种族藩篱和刻板印象的束缚，帮助自己取得成就。当然这一情况对于其他那些需要与负面刻板印象作斗争的群体——比如女性群体来说，也是同样适用的。但我们想知道的是，这种进取心真的只会给个人表现和成就的取得带来适得其反的效果么？

大部分关于刻板印象风险的研究都聚焦在以考验极限能力为基础的高难度作业上，比如高难度的数学测试、难度递增的智商测试、挑战极限的语言测试、要求严格的大学课程等。当事人在这些高难度作业上遭遇挫折时，便可能将自己受挫的原因归结为与之相关的刻板印象。这种刻板印象会将当事人置于风险之中，让他们担心自己的表现会坐实负面的刻板印象，从而影响到正常的专注度和思考能力，最终拉低了他们的发挥水平。而这种糟糕的表现进一步提高了坐实刻板印象的风险，一场恶性循环便随之而来。这就解释了为什么上文提到的那种急于破除刻板印象的冲动反而会对从事诸如学习有机化学等考验极限能力的活动产生不利影响（下一章会对这一作用机制进行更加细致的分析）。

不过话说回来，试想有这么一个领域，传统观念上认为这是你所在群体的弱项，而你却恰恰对此十分擅长，当你在从事一件自己能够应对自如、不会遭遇任何阻碍的活动时，情况又会如何呢？从本质上看，从事这种活动本身就是对刻板印象的一种抗争，因此额外的动力会让你如虎添翼，在这种情境下发挥得更加出色。

堪萨斯大学的两位社会心理学家劳里·奥布赖恩和克里斯

坦·克兰德尔通过一次直观的实验对以上观点进行了独立验证。他们在堪萨斯大学选取了一些男女学生样本，让他们参加一场高难度的数学测试（10 分钟内完成 15 道 SAT 代数题）和一场相对简单的数学测试（10 分钟之内完成尽可能多的三位数乘法）。这些男女学生被分成两组，其中一组会被告知早前的测试结果显示出了性别差异，从而使该组受到刻板印象风险的影响；另一组则被告知测试结果不存在性别差异，从而免于受到刻板印象风险影响。实验结果支持了奥布赖恩和克兰德尔的推测。在高难度测试中，刻板印象风险承受组的女生成绩相较无风险组的女生，以及两个组的男生的成绩都要低；但是这一情况在简单测试环节却出现了反转，刻板印象风险承受组的女生成绩相较无风险组的女生，以及两个组的男生的成绩都要高。

在面对考验极限能力的挑战时，刻板印象风险以及想要破除刻板印象的动机会对当事人的表现产生破坏作用。前文也曾对相关的一系列作用机制提出了猜想。但是如果任务的难度在当事人的能力范围内，从而不再那么容易受阻时，那么想要破除刻板印象的动力就会助推当事人表现得比其他群体更为出色。

这里还要提一下父母辈。可能正是因为见证过类似的情况，所以我的父亲以及数以万计的其他家长们才会如此确信为了破除刻板印象而产生的动力将是提升个人成就的利器。事实上也的确有这种可能。奥布赖恩和克兰德尔的实验就表明了，如果当事人对所从事的任务胸有成竹，那么为了破除刻板印象而产生的额外动力便会助推当事人的表现上升到超常水平。

那么这种想要破除刻板印象的动力在现实生活中会有怎样的表现呢？它会使人成为人生赢家，或是化身为工作狂人么？我和研究生瓦莱丽·琼斯针对这一问题做了一些抛砖引玉的工作。瓦莱丽是我研究室里一位充满创造力的研究生，尤其热衷于在真实的生活情境中开展研究。我们这次的想法是：相比普通的工作岗位来说，在某些女性比例明显偏低的工作场合中，女性可能会为了证明自己以及破除刻板印象而不得不更加努力工作并承受更大的压力。瓦莱丽在当地一场讨论女性与科技的硅谷论坛的举办期间调查了 41 位女性，询问她们的职业环境中女性的数量，以及她们在为自己正名的奋斗之路上所感受到的压力有多大。调查结果非常有建设性，相比那些男女比例正常的工作，女性在男多女少的工作环境中会为了努力证明自己而明显感受到更大的压力，同时她们在重压之下会出现各种状况，如上班时习惯早到晚退、业余活动越来越少等。来自现实生活中的证据同样证明了女性在承受刻板印象压力的时候会产生为自己正名的动机，借此来展现自己追求卓越的态度，至少是勤奋上进的态度。

但是这种动机是有百利而无一害的吗？当我们将所有的研究结论综合起来分析时，便会发现情况并不总是如此。问题就在于，试图破除刻板印象的压力改变了当事人在特定情境中的自我定位和行为目的，让其承担了额外的任务。比如在校园或是职场情境中，当事人除了要学习知识技能和思维方式，或是做好本职工作外，还需要努力消灭一个看不见摸不着的空中幽灵——负面刻板印象以及它对当事人及其所属群体的构陷。如此一来，当事人便陷入了多线作战。这是一场利害攸关的战斗，要么成功，要么在这一对自己至关重要的领域里彻底抬不起头。所以这种多线作战将会给当事人造成极大的消耗和干扰。

这种动机的后果是很严重的。首先，它所造成的压力和干扰（下一章将对此做进一步细化）将直接影响到当事人的表现，尤其在从事那些考验极限知识和技能——必须通过努力获取知识和成长的任务时，影响会更加明显。其次，正如我们从杰夫的经历和特雷斯曼的观察中了解到的那样，这种动机会诱使当事人选择效率极低的策略，并且变得固执己见。因为此时的当事人不仅仅是在学习或是发挥能力，同时还在与刻板印象抗争。"一无所获地退出有机化学课程，等下学期再重新来过"的做法是无法接受的，因为这样一来仿佛就坐实了针对当事人及其所属群体相关特质的刻板印象。所以坚持到底是唯一的选择，即使为此而失去更加理想的职业发展路径也在所不惜。

然而，当事人很快便会意识到，这种让人喘不过气的压力很可能会是自己所处环境中的家常便饭，于是，坚持不懈并在取得最终胜利前始终保持拼搏精神便显得十分困难。与刻板印象的对抗是一场西西弗式的斗争，周而复始。只要当事人仍然处于刻板印象的作用范围内，那么就必须一刻不停地与其斗争。杰夫可能就在伯克利体验到了这种感受，他的心灵找不到可以停泊的港湾。一般来说，男生退选数理专业大多都是因为成绩不佳，而女生退选数理专业则很少是因为成绩问题，背后的原因不在于数理能力，而更可能是因为她们不看好自己在这一领域的前景——将自己的大量生命消耗在永无止境的自我证明和担负压力之中。

当然，说了这么多并不是反对奋斗或是反对挑战压力。事实上，天上从来不会掉馅饼，而重大的成就和突破也不大可能在毫无压力的状态下取得。同时，也的确有很多人顶住压力取得了成功（下一章中将会援引若干案例）。相对地，本书的关注点则是，为了在既定赛道上更加公平地竞争，我们需要清楚哪些障碍。刻板印象风险的受众群体已经足够努力和斗志昂扬，他们的表现也已经得到了认可，但恰恰是那种"消灭幽灵"的额外任务却成为他们前进中的绊脚石。

我的父亲，以及包括我自己在内的其他家长可能都没有完全意识到，力求破除刻板印象的动机只在很有限的范围内能够产生积极效果，但是当在学习和工作中需要发挥极限知识技能以促进学习和成长时，良好的表现和放松的状态就显得尤为重要了。而此时急于破除刻板印象的动机则往往会产生事与愿违的效果。讽刺的是，成千上万的家长一直教导子女的至理名言反而成为导致整个群体表现不佳的罪魁祸首。

本书的第九章将会针对这一问题提供一系列的解决方案，无论个人还是组织都可以借此缓解这种压力及其导致的表现欠佳的情况。不过行文至此，我们必须指出的是，特雷斯曼已经为杰夫所遭遇的困境设计出了一套极为有效的应对方案。这一方案既支持了我们在本章中所做的分析，又证实了循着这一思路而设计出的应对之策是行之有效的。

他打造了一个关于微积分课程学习的项目，大致内容就是尝试引导黑人学生们像亚裔学生们那样学习——特别是要学会集体学习。这种学习方式要求学生们在百忙之中抽出大量的课余时间（每周至少 6 个小时）聚在一起共同讨论微积分学习。特雷斯曼预期这一做法将会取得与亚裔学生同样的学习优势：众人的群策群力，有助于把检查具体计算过程的时间节约下来，大量投入对关键知识点的学习；他们可以更加准确地评估自己对知识点的理解和熟稔程度；在与教学人员交流时也能更有底气等。事实上这种做法的确奏效了。项目参与者的成绩有了很大的提升。加入特雷斯曼工坊的黑人学生们在伯克利第一学年的微积分课程成绩比白人和亚裔学生们都要好，只可惜杰夫没能赶上这一切。

特雷斯曼的工坊所传授的集体学习的技巧可以立竿见影地使微积分的学习变得更加容易。然而这种学习技巧究竟纠正的是哪些缺点呢？特雷斯曼从他本人所从事的人类学研究中找到了答案。这种技巧纠正的是黑人学生们出于自我保护的目的而采取的自我孤立和我行我素——这样的做法倒是能够让自己免于受到他人的刻板印象的影响，但是同时也让他们与来自外界的帮助彻底隔绝。出现这种状况并不是因为这些学生们缺乏家庭的教导，而恰恰是因为听从了父母的教诲才会引发这样的困扰。特雷斯曼的解决方案并不是让学生们更加重视学习，而是指引他们将自己的学习劲头更加有效地加以运用。

近年来，许多极具天赋的科学家都开始着手研究"身份引致的困境"对个人产生的具体影响，以及导致表现欠佳或是等状况的原因。在目睹了大量由身份引致的各种困境后，我更加坚信这种困境背后所蕴含的巨大威力终有一天会被大家正视。也正因如此，来自父辈的教诲对于个人的成长来说固然不可或缺，但却是远远不够的。

第七章 "暴走"的大脑与认知过载

这就是爱吗：一见钟情的误会

卡皮拉诺吊桥位于加拿大不列颠哥伦比亚省温哥华市郊外，全长 135 米，高 70 米，桥身横跨卡坡拉诺河谷，极为狭窄，人一走上去便会摇晃不止，只能紧紧抓牢两侧的麻绳，十分惊险。几年前，两名社会心理学家唐纳德·达顿和亚瑟·阿伦招募了一组男性大学生，让他们依次单独通过这座吊桥，而在吊桥的另一头等待着他们的是一位相貌迷人的妙龄少女，她会以研究课题的名义对这些大学生开展问卷调查，随后会留下自己的联系方式，并邀请这些学生晚些时候与她作进一步交流。

达顿和阿伦所关注的是一个有关人性的基本问题：个人的情感能够被明确地认知么？还是说它是非常难以把握的，有时根本意识不到，有时则会令人陷入迷惘，难以分清不同情感之间的差异？

达顿和阿伦对这一涉及人性的宏大命题加以提炼，并投射在一个具体的实验中：刚刚走下吊桥的男生们会否将尚未平复的紧张感误认为对桥头这位美女调查员的爱慕之情？如果我们无法对自己的情感保持明确的认知，如果我们时常会将一种情感与另一种情感混淆，那么这些刚刚经历了令人心惊肉跳的吊桥体验、尚处在惊魂未定之中的大学男生们便有可能会把这种尚未退散的恐惧误判为对眼前这位年轻女子的爱意。达顿和阿伦对这种"爱意"进行了度量，参考指标则是事发当晚以"咨询额外信息"为由给这位女生打电话的男生数量。

此外，还有另外的两组男生也参加了这一实验。其中一组男生同样需要通过卡皮拉诺吊桥，但这次吊桥另一头的调查员换成了一名男性。安排这一组的目的在于测试即使在调查员本人缺乏吸引力的前提下，是否仍然会有更多的男生在过桥之后残留的紧张感的驱使之下选择拨打咨询电话。至于最后一组男生，他们仍然被安排与妙龄少女碰面，不过他们无须穿过卡皮拉诺吊桥，而只要轻松地走过一架坚固而又低矮的普通桥梁即可。这一组用于测试美女调查员本身的魅力能够吸引多少男生来电。

实验的结果是，在通过卡皮拉诺吊桥后遇到美女调查员的一组男生中，当天晚上给女生致电的人数是三组中最多的。在穿越卡皮拉诺吊桥过程中产生的紧张情绪即使在走下桥后仍在持续，而当事男生们却没有明确意识到这一点，于是当一位魅力十足的小美女出现在眼前时，他们便将心中残留的紧张感误读为对姑娘的浓烈爱意。

而另外两组的男生们则表现正常。当调查员换成男性时，他们便不会将残留的紧张感混淆成爱慕之情。因为在这种情况下，没有任何迹象能够引导他们产生"好想谈恋爱"的感觉。至于最后一组不用通过卡皮拉诺吊桥的男生，他们根本不会产生紧张感，因此也就没有额外的情绪被误判成爱意。基于上述原因，这两组的男生很少会给美女调查员打电话。

由此看来，人们对于自身情感的掌控还是不够全面。当某一情感较为强烈时，对其的认知相对容易一些。但是当某种情感的程度相对温和时（比如在通过卡皮拉诺吊桥后残留的紧张感），就没有那么容易感知了。为了认知和解读这些相对温和的情感，我们不得不更加依赖对即时情境的判断。这就解释了在达顿和阿伦的实验中，为什么刚刚走下卡皮拉诺吊桥的男生会对第一时间出现在自己眼前的美女调查员产生强烈的爱慕之情，哪怕这种爱慕之情仅仅来自穿越惊险吊桥后残留的紧张情绪。

刻板印象风险对情绪的影响：焦虑

对于上述现象的理解对于我与史蒂夫·斯宾塞和约书亚·阿伦森研究身份风险的作用机制非常有帮助。因为我们也发现了人类生理机制的缺陷，即人类对于情感的产生和表现的主观理解是十分有限的。一直以来我们的一个根本性的假设就是，身份风险引发了焦虑，而焦虑又会影响表现。简言之，身份风险的破坏性就是通过引发焦虑体现的。我们认为这显而易见。

不过，在我和史蒂夫开展第一次实验，也即女生参加数学测试的实验时，我们曾调查过女生们在测试过程中的焦虑程度，结果发现，相比无风险组（即被告知测试结果未体现性别差异的一组）来说，那些受到了刻板印象风险影响的女生并没有反馈出更严重的焦虑感。话说回来，我们正是因为注意到"女生会被刻板印象风险干扰到测试成绩"这一现象，所以才开启了这一系列的研究之旅，然而从当事人的反馈中我们却并没有发现超乎寻常的焦虑感，这令我们百思不得其解。

不久后，我和约书亚发现了更加令人迷惑的情况。在我们对"刻板印象风险对黑人学生语文测试成绩产生影响"的相关实验数据进行分析时，我们迫不及待地想要了解刻板印象风险是否会导致焦虑，而焦虑是否就是令当事人表现欠佳的原因。于是约书亚对参加实验的学生们展开了调查，结果却一无所获——相比无风险组来说，那些受到了刻板印象风险影响的黑人学生并没有反馈出更多的焦虑感。这些刻板印象风险的受害者们看起来非常冷静和淡定。他们纷纷表示测试的确有一定难度，但他们一定会克服困难并取得好成绩。尽管他们的卷面成绩确实不敢恭维，但他们还是坚信自己的努力会帮助他们渡过难关。

为什么我会认为了解"人类对于内心状态（譬如焦虑）的认知有限"这一事实对我们的研究大有裨益呢？因为它让我们不再轻信所谓"没有证据显示刻板印象风险会引发焦虑"的说法，转而更加重视对一些反证的挖掘。回顾之前的填词游戏，受刻板印象风险影响的当事人会填写出更多与刻板印象相关的词语，这其实就是他们担心自己坐实或被视作坐实刻板印象的一种潜在流露。刻板印象风险影响下的黑人学生们还会通过其他方式表达出自己的焦虑，比如他们会尽量避免提及"黑人向"的事物——爵士乐、嘻哈以及篮球——同时又刻意表达出对"白人向"事物的偏好——古典乐、网球以及游泳。他们会早早地为自己的发挥欠佳准备好各种托词，比如考试前一晚睡眠不足等。诸如此类的表现同样也在暗示他们正处于焦虑状态。但不管怎样，这些当事人都不会直截了当地表示自己十分焦虑。可能是因为他们不想承认，也可能是因为他们也跟刚刚走下卡皮拉诺吊桥便邂逅美女调查员的男生一样，压根儿就没有意识到自己内心的焦虑情绪。

为了进一步明确焦虑情绪在刻板印象风险效应中扮演的重要角色，我们不能完全采信当事人的自我认知，而应当对焦虑感进行更加精准的度量。

刻板印象风险对生理的影响：血压升高

经加利福尼亚大学圣巴巴拉分校的詹姆斯·布拉什科维奇牵头，我与史蒂夫·斯宾塞和黛安·奎因组成了一个研究小组，旨在对反映压力和焦虑感的生理指标——平均动脉血压进行直接测量。这个实验跟其他研究刻板印象风险的实验大致相同，但在一些细节上有所差异。具体来说，参加实验的白人和黑人学生志愿者们来到实验室时，我们会让他们接入一套心血管记录仪，对他们从事脑力活动时的心理反应进行直观的测量。实验首先要花五分钟时间收集学生们的基准血压，然后开始正式的测试。该测试是一项名为"隔空联想"的语言能力测试，每题的题干中会提供3个词语，然后要求测试者构思出与给定的3个词语相关的第4个词语。比如给定"老鼠""尖"和"蓝色"，那么便可以联想到"奶酪"等词。同时，所有测试者将被告知这一测试旨在评估智力水平。

除此之外，刻板印象风险组的学生们不会再被告知任何额外信息。需要注意的是，只需要让学生们得知这是一场智力测试，便足以将黑人学生置于对自己可能坐实针对其族群智力水平的刻板印象的风险中。

而另一方面，无风险组的学生们会被告知，这种测试并不会体现出种族差异，黑人学生的成绩总是跟白人一样好，甚至连测试本身都是由一所黑人大学的种族融合问题研究团队设计出来的。这些表述将会有效避免黑人学生将自己的测试表现与刻板印象直接挂钩。

实验的成效非常显著。无风险组，也即被告知测试不体现种族差异的一组中，白人和黑人学生的血压直到测试中期都保持着下降的趋势，而另一组中的白人学生也是同样的情况。但是刻板印象风险组的黑人学生在测试过程中却出现了平均动脉血压飙升的情况。看来，处于刻板印象风险下的当事人不一定会表达出自己的焦虑，甚至可能连这种情感究竟是焦虑还是爱慕都搞不清楚，但这并不意味着他们并不处在焦虑状态。他们的生理反应已经说明了一切。

很快，我们对于刻板印象风险的生理效应的理解又有了进一步的拓展。

詹姆斯·布拉什科维奇的一位老搭档温迪·门德斯带领另一组研究人员就"刻板印象风险是否会让白人在与黑人交流的过程中血压升高"这一课题展开实验。他们的实验非常简单，就是先让白人学生戴上血压仪，再让他们与一名陌生的白人或者黑人同学交谈。需要说明的是，相比和白人交谈来说，与黑人交谈更容易让白人处于刻板印象风险之中，担心自己被视为具有种族主义倾向。如果这种刻板印象能够引发焦虑，那么这些白人学生们的血压就会升高。而实验结果证明的确如此，他们的血压升高得非常明显。

于是，我们脑海中的概念慢慢变得清晰起来。以刻板印象风险为代表的身份风险足以引发焦虑，即使当事人看上去并没有明确意识到，但却可以通过测量血压的方法对此加以证实。不过可能还是有人会质疑，这种焦虑感究竟有多么强烈呢？由身份风险引发的焦虑感真的严重到足以影响当事人的表现（比如说影响完成某项任务的能力）么？

现在假设某人正处于刻板印象风险之下——比如说一群正

在备考高难度数学测试的女生,然后让她们完成一些简单的任务(比如反复写下自己的名字)和相对困难的任务(比如反复倒写自己的名字),那么由针对女性数学能力的刻板印象风险所引发的焦虑和兴奋感是否足以影响女生们完成这些书写名字的任务呢?

这将会是一个有趣的实验,因为书写任务与针对数学能力的刻板印象并无关联。即使写得不好也不会坐实针对女性数学能力的刻板印象。反过来说,对于坐实数学能力刻板印象的担心也应该不会影响到书写任务的完成才对。那么唯一可能影响到书写表现的,就只会是这些女生们在备考期间产生的、由身份风险所引发的焦虑感。如果这种焦虑感本身便足以干扰到正常的表现,那么这些女生便可能在书写任务中,尤其是那种相对困难的倒写名字的任务中发挥欠佳了。

来自旧金山州立大学的阿维·本-泽埃夫和他的学生们针对上述假设开展了一次原汁原味的实验,并得到了明确的答案。在备考高难度数学测试的过程中,那些十分看重数学成绩的女生们的确感受到了一定的焦虑,虽然不像跨越卡皮拉诺吊桥或是参加高风险的SAT实战那样令人心惊肉跳,但这种温和的焦虑感已经足以干扰到她们在倒写自己名字时的表现了。身份风险是一种持续性的存在。我们可以在实验环境中制造出这种风险,同时出于善意将这一风险控制在合理水平。比如说,女生们在实验环境下备考数学测试时的焦虑感是无法跟备战真实的GRE考试时相提并论的。不过，即使这种焦虑感被控制在一定的限度之内，它仍然足以引发心血管系统的紧张反应，使得她们即使在应对略有难度的任务时都无法得心应手。

现在，我们可以做出结论：刻板印象风险是通过直接引发人体心跳加速、血压升高等与焦虑相关的生理反应而产生效用的。这种效用将会影响当事人的表现，比如影响女生的数学测试成绩、低年级法国学生的语文成绩、白人男生的迷你高尔夫成绩等。我们还要指出的是，当事人对于焦虑的产生并不能做到明确的认知。即使专门询问他们，他们也回答不出，就这样无意识地付出着相应的代价。那么，这就是身份风险影响当事人表现的唯一途径么？它会不会对我们的思维活动也产生直接的影响呢？

刻板印象风险对思维的影响：认知过载

结论是肯定的。身份风险会让我们担心坐实刻板印象（"我会不会被人当成傻子？"），担心坐实刻板印象的后果（"如果别人认为我是种族主义者，他们会怎么对待我呢？"），担心该怎样克服刻板印象（"有没有可能向他人证明我其实还挺不错？"），等等。我们会陷入这种担心而无法自拔，耗费了心智资源，从而无法专注于手头的任务——比如完成标准化测试题目或是与非本族群的人们交谈等。也就是说，身份风险除了会引发生理反应外，还会通过对思维活动的干扰影响到当事人的表现和其他行为。

本书第五章中曾经介绍过的法国社会科学家让－克劳德·卡伦兹和他的同事们便是这一观点的支持者，他们为此还特地设计了一套绝妙的验证方案。这一实验利用的是一个比较冷门却又极为简单的人类生理特点，也即人类的意识和身体之间的直接互动：思维活动越投入（用心理学术语说就是"认知负载"越重），心跳间隔就越稳定。这一现象反映的是思维活动对于新陈代谢活动的需求，也就是说，心率可以作为反映人体思维活动的一个指标，"认知负载"越重，心跳间隔就越规律，反之亦成立。

基于这一事实，再加上手头配备的生理记录仪，卡伦兹和他的团队得以对一个简单的设想展开验证——如果刻板印象风险能够迫使当事人陷入对该风险以及由此引发的各种后果的深入思考，从而进一步加重认知负载，那么处于刻板印象风险影响下的当事人的心跳间隔就会比无风险状态下的人更加稳定。

这次实验是在卡伦兹所在的法国大学里开展的，他的团队选取了一种令心理学家十分反感的刻板印象，即理工科学生比心理学专业学生更聪明。我们憎恶这种刻板印象，但是这并不影响它的存在。研究团队让理工科的学生和心理学专业的学生们接受著名的智力测试——瑞文标准推理测试，并借此得出了刻板印象风险效应的一个标准模式。当得知这次测试是智力测试时，心理学专业学生便被置于可能会坐实针对自己群体智商的刻板印象的风险之下，因此最终测试分数比理工科学生的要低。但是当研究人员告知他们这只是一个解谜游戏而不是智力评估时，他们在无压力状态下取得的成绩便可达到和理工科学生同样的水平。

当然，卡伦兹和他的同事们还关注到了其他方面。他们对所有参加智力测试的学生都进行了心跳间隔时间的监测，结果发现，当测试是以智商测试的名义进行时，所有学生的心跳间隔都更为稳定。看上去，无论是受到刻板印象风险影响的心理学专业学生，还是处于无风险状态的理工科学生都承担了大量的认知负载。不过，研究人员还是可以从心跳间隔与测试成绩之间的关系看出这两类学生的区别。具体来说，对于处于无风险状态的理工科学生而言，他们思考得越认真（表现为更加稳定的心跳间隔），最终成绩就越好；但对于处于刻板印象风险下的心理学专业学生来说，他们思考得越投入、心跳间隔越稳定，最终成绩反而越差。究其原因，处于无风险状态的理工科学生们是将不断增强的思考力积极投入测试活动本身的，而心理学专业学生却被"可能坐实刻板印象"的风险所影响，因此他们的胡思乱想只能导致测试表现不佳。

当我们对某种事物或领域十分看重，同时又担心自己的表现可能会坐实与之相关的负面刻板印象时，我们的大脑便进入"暴走"状态并开始迅速处理大量问题——反驳刻板印象，让自己与这种刻板印象划清界限，鄙视持有这种刻板印象的人，自我同情，试图让自己振作起来打破这种刻板印象等。我们要一边自我保护，一边与刻板印象风险作斗争。可能我们多多少少会对这种自我保护和斗争行为有所意识，但大多数时间里我们都无法仔细倾听内心的声音，因此也会忽略这些思维活动。卡伦兹团队的这一研究发现所带来的启示是，当我们的大脑正忙于应付刻板印象风险时，是很难腾出足够的精力去处理手边别的事务的。

亚利桑那大学的两位心理学家，托尼·施玛德和当时师从于她的研究生迈克尔·琼斯针对"'暴走'的大脑会伤及哪些个人能力"建立了一套精准的模型。该模型指出，大脑在"暴走"状态下最主要会对"工作记忆"产生破坏。所谓的"工作记忆"是指对信息进行存储和加工以备大脑即时或迅速调用的实时记忆，在参加测试、参与交谈或讨论，或是独自在寝室里研究非洲裔美国人政治学的家庭作业时都会需要用到工作记忆。

施玛德和琼斯招募了一些热衷数学学习的女大学生，让她们统计一段给定的文段中出现的元音字母数量。研究人员在这一文段的句与句之间插入了一些无关的单词。实验结果发现，受到刻板印象风险影响（被告知即将进行一次高难度的数学测试）的女生们虽然也顺利地统计出了元音字母数量，但是却没能很好地回忆起文段中出现的无关单词——至少处于无风险状态下的女生要比她们记得清楚。这说明受到刻板印象风险影响的女生们出现了大脑"暴走"的情况，进而损害到她们对文段中出现的额外单词进行识别的能力，换言之，就是她们的工作记忆能力受到了破坏。施玛德和琼斯还发现了一件同样重要的事情，即刻板印象风险对工作记忆能力的损害越严重（表现为回忆起的无关单词数量越少），当事人在接下来参加的数学测试中取得的成绩就越差。

这就意味着，刻板印象风险对于工作记忆的损害，也直接影响到了当事人的数学成绩。

就这样，施玛德和琼斯建立起了关于大脑"暴走"的模型。首先，"可能会坐实刻板印象"的风险会令当事人对任何与之相关的事物提高警觉，并设法予以回避；随后，它会令当事人产生自我怀疑，并反复纠结于这种怀疑是否成立；接下来，这些疑虑会令当事人持续监控自己的表现水平（这种高强度的自我监控在某些比赛中甚至能引发窒息）；最后，大脑会迫使当事人对某些危险的想法进行刻意压制，比如假设自己发挥欠佳，或是想象自己坐实了刻板印象的悲惨下场等。你是否也曾有过类似的经历呢？如果有同感的话，那么你会知道这一过程中涉及大量的思维活动，而且随着这一过程的不断深入，可以用来考虑其他事情的精力也会越剩越少。

上述观点得到了安妮·克朗德勒、詹妮弗·瑞森、威廉·凯利和托德·希瑟顿等几位学者的进一步证实。他们利用功能性磁共振成像（FMRI）技术研究刻板印象风险对大脑活动产生的影响。他们招募了 28 名数学能力突出的女生，让她们在接入 FMRI 脑部扫描仪的同时解答 50 道高难度的数学题。这种扫描仪可以通过测量血液流量的方式评估正在接受测试的女生们的不同脑区的活动水平。参加实验的女生们有一半被人为施加了刻板印象风险的影响（在测试前被告知该测试会体现出数学能力和成绩上的性别差异），而另一半女生则处于无风险或是低风险状态

（不会接受到任何针对数学能力性别差异的刻板印象信息）。

那么刻板印象风险究竟激活了哪些神经结构呢？这些研究者们发现了一种清晰的模式：处于无风险状态下的女生们在测试中调用的是与数学学习有关的神经网络（也即角回、左侧额顶叶和前额叶皮质等）；而受到刻板印象风险影响的女生们并没有调用以上神经网络，相应地，研究发现她们大脑中负责处理社交和情感活动的区域（腹侧前扣带回等）却呈现出高度活跃的状态。由此可见，刻板印象风险抑制了与数学能力有关的脑区活动，同时提升了负责监控社交和情感活动的脑区活动。用文献作者本人的话来说："刻板印象风险可能会将女生的注意力转移到对'坐实刻板印象可能引发的对社交和情感活动不利的结果'这一问题的思考上来，从而提升了当事人对自己测试表现的焦虑感。"关于这一点，其他一些研究团队也得出了类似的结论，这一领域的研究使我们对"刻板印象对神经结构的影响"的认知得到了迅速拓展。

直到今天，我们仍要感谢这些有关生理学的、认知负载的研究，感谢施玛德和琼斯的深入探究以及相关的针对大脑的研究。得益于此，人们在刻板印象风险的作用机制方面已经渐渐形成了强烈的共识，具体来说，以刻板印象和身份风险为代表的身份条件作用能够令当事人对社会情境中可能存在的风险和不利结果保持高度警觉，这种情绪会将当事人的注意力和思维能力从手头从事的工作中转移出去，从而对能力表现和机体正常运转产生损害。以上这些又会进一步加重当事人的焦虑，进而对风险更加警觉，精力分散的情况也更加严重。一整套恶性循环接踵而至，对能力表现和机体正常运转产生进一步的破坏。

前文提到的泰德在非洲裔美国人政治学课程中便经历过类似的遭遇。在此前所有研究刻板印象风险的实验中，所有受到刻板印象风险影响的实验组也都有过类似的遭遇。对于在个人能力方面受到刻板印象风险影响的当事人来说，当他们参加真实的测试时，当他们与老师们交谈时，当他们参与课堂和实验室活动时，当他们工作时……只要一想到那些恼人的刻板印象可能被自己的表现坐实，他们的大脑便开始"暴走"，伴随着血压升高、直冒冷汗。他们试图通过成倍的努力反驳那些盘旋在脑海中的刻板印象，如果无力反驳，至少也要尽力压制。此时他们的潜意识中负责监控风险的脑区活动不断增强，进一步抑制了对能力表现和机体运转至关重要的脑区活动。因此，当事人在面对比较困难的工作时便往往会表现欠佳。他们对自己的表现越在意、遇到的阻碍越困难、结果的意义越重大，这种抑制作用便越频繁。同时，如果这种风险已经成为当事人生活（比如工作、专业学习、恋爱关系、校园生活等）中的常态，那么上述一系列的反应也将成为一种持续的、长期存在的身份条件作用。

与此同时，当事人也许对这一整套作用机制并没有太多认知，正如刚刚走下卡皮拉诺吊桥的男生们很难明白为什么自己会对美女调查员一见钟情一样。

至此，基于研究发现的一系列事实，我们知道刻板印象风险会对人们产生确实的影响，它会引发大脑的"暴走"，以及一整套生理和行为反应。我们也知道当事人对于所发生的一切一无所知，至少他们从未承认过。我们还知道所有这些风险和反应都是由身份引起的，与特定的社会身份和情境（比如学习高等数学的女生、百米赛跑最后十米冲刺时的白人男选手、班级里的黑人尖子生等）密切相关。

这些影响非常重要。但是目前为止我们的研究主要还是局限于对单一场景的研究，因此我开始好奇，当这些风险成为常态，成为当事人在生活中需要长期经历的某种体验时，又会出现怎样的结果？当风险出现在课堂上、出现在工作场所、出现在主修专业中、出现在体育领域等，当风险不仅仅是昙花一现，而是长期持续——数月、数年、乃至数十年，那么又会发生什么呢？

基于目前发现的事实，我们对于以上问题的猜测是偏悲观的——如果长期处于刻板印象风险或是其他身份条件作用的影响下，当事人可能会像缴税一样承受某些长期的负担。持续存在的额外压力会降低当事人的幸福感；为了应对风险而长期出现的生理应激反应也会导致健康问题；与此同时，当事人可能就像卡皮拉诺吊桥实验中的男生们一样，丝毫没有意识到自己正在为此付出长期的代价。

想到这些，我不禁提出一个非常简单的问题：能否找到什么证据，说明常态化的身份风险将会对当事人产生影响呢？

约翰·亨利现象：少数族群不可承受之重

让我们走近一位温文尔雅、富有洞见的黑人流行病学家及公共卫生学家谢尔曼·詹姆斯。詹姆斯出生并成长于南卡罗来纳州的夏洛茨维尔，大学期间他就读于塔拉迪加学院心理学专业，又在密苏里州的华盛顿大学圣路易斯分校取得心理学博士学位。在他博士的最后一年，一位高中同学前来拜访詹姆斯，并与他分享了自己在流行病学和环境健康方面的工作经历，这令詹姆斯印象深刻，因为这正是他夙夜以求的事业。一年后詹姆斯毕业时，十分意外地接到了北卡罗来纳大学教堂山分校医学院流行病学系主任的电话，邀请他担任该系的助理教授。他不知道为什么会接到这个电话，但是他知道一定要抓住这次工作机会。

在北卡罗来纳，他潜心研究的是不同族群在健康状态上的差异。研究过程中他注意到一个非常普遍的现象：在美国，相比白人来说，黑人（不论男女）罹患高血压（血压高于140/90毫米汞柱）的概率明显偏高。最新研究显示，1/3左右的黑人（男性34%，女性31%）确诊高血压。相比之下，白人男性和女性高血压患者的比例则分别只有25%和21%。或许有人会认为造成这一差异的部分原因是白人和黑人在收入水平、教育程度、体征指标、吸烟习惯等所有可能诱发高血压的因素方面的差异。但即便是通过技术手段对这些因素的影响进行校正和剔除后，高血压患病率的族群差异仍然存在。又或许有人会把原因归结为美国黑人的非洲祖先的基因遗传，但奇怪的是非洲当地的黑人却没有出现高血压患病率上升的情况。

詹姆斯立志破解这一谜题，于是他开始撰写项目申请并开始了前期准备，包括对在北卡罗来纳大学医院就诊的黑人高血压患者进行采访。其中一位患者给他留下了极为深刻的印象，他是一位极为健谈的地方社区的负责人，他向詹姆斯娓娓道来了自己的辉煌经历。

1907年，他出生在北卡罗来纳州皮德蒙特北部地区一个极度贫困的佃农家庭。虽然他能读会写，但其实他小学二年级的时候便辍学了。詹姆斯在他的笔录中写道："更加令人震撼的是……他通过不懈的努力和坚定的决心……战胜了无数困难，将自己和子孙后代们从充满剥削和奴役的佃农制度中解放了出来。尤其是在他年届不惑的时候，已经在北卡罗来纳拥有了75英亩的丰饶农田……不过在50岁出头的时候他患上了高血压、关节炎，以及严重的消化系统溃疡，为此不得不接受40%的胃部切除。"

某日午间，詹姆斯拜访了这位老先生。二人在后院坐下后，老先生便开始讲述自己的奋斗史和成功史。过了不久，只听得他的妻子在房间里喊道："约翰·亨利……该吃午饭啦。"听到这个熟悉的名字，再联系到这位老先生在面临重重逆境时的不屈斗争，詹姆斯突然灵光一闪，而正是这个瞬间，彻底重塑了詹姆斯的职业生涯。原来这位老先生的名字和美国民间传说中的传奇"铁锤英雄"约翰·亨利一模一样。同时这两个约翰·亨利的人生经历也有很多明显的相似点。

这个传奇故事最早在19世纪末期铁路和隧道工人群体中广为流传。既然是传奇，自然不乏某些神乎其神的细节。但是学术界公认的是，19世纪70年代末，在西弗吉尼亚州大本德隧道一带的确发生过与这个传奇非常接近的事件。传说约翰·亨利因为在锤打钢钎时展现出的惊人力量和耐力而远近闻名，结果他被别人怂恿去和一台蒸汽钻机进行比赛，一场史诗般的对决就此开始。激烈的竞赛持续了数日之久，最终还是挥舞着9磅重铁锤、双臂生风的约翰·亨利取得了胜利。但不幸的是，这一胜利也让约翰·亨利付出了难以挽回的代价，他在比赛结束后没过几秒便因筋疲力尽而倒地不起，当场去世——这是工业时代留给世人的一个血淋淋的教训。

所以，当听到眼前这位约翰·亨利的种种壮举，再联想到他本人的健康状况后，詹姆斯突然觉得除了传奇故事外，还有一个值得关注的重点是，这些经历说明精神失调可能正是导致黑人高血压患病率偏高的原因。詹姆斯对20世纪70年代提出的"塞姆斯假说"（S.Symes's conjecture）有所耳闻。这一假说的内容是："持续、高强度地处理复杂的社会心理压力可能是造成包括黑人在内的低收入人群高血压患病率攀升的最主要原因。"尽管詹姆斯眼前的这位约翰·亨利成功克服了许多困境，但是长期以来为此付出的高强度的努力可能已经伤及他的身体健康。詹姆斯认为，当前这位约翰·亨利的境遇就是广大的非洲裔美国人（特别是工薪阶层）在面对无处不在而又根深蒂固的社会和经济压迫时拼尽全力寻求自我解放的一个缩影。于是詹姆斯开始对这个有关"积极应对/高血压"的假说进行进一步验证。同时为了向约翰·亨利的传奇一生表示致敬，詹姆斯提出了"约翰·亨利主义"的概念。

詹姆斯首先为约翰·亨利主义创立了一整套量化评估指标，其中包括 12 项表述，比如"我一直认为可以通过努力实现自己对美好生活的向往""当事态偏离预期时，我会不惜花费更多精力也要将情况扭转回来"等。受访者根据自己与这些描述的符合程度依次打分，满分为 5 分。詹姆斯假设低收入以及黑人群体中每个人都担负着由自己的身份引致的沉重压力，而对于在评估中得分较高的人来说更是如此。从这种评估方式方法上可以看出，约翰·亨利主义看起来很像是某些人在面临刻板印象风险效应时的态度，他们非常在意这些被刻板印象所针对的领域，同时也非常渴望在这些领域取得成功。

詹姆斯首先选取了若干来自北卡罗来纳州匹兹堡和埃奇库姆这两个穷乡僻壤的黑人男性样本验证这一假说。这个实验仅包括填写约翰·亨利主义评估表和测量血压值两项内容，而实验的结果则验证了詹姆斯的猜测——相比在约翰·亨利主义评估中得分较低的人来说，得分较高的人血压数值也会偏高，而且这一差异在低收入群体中的表现比在相对富有的群体中更加明显。随后，在同样地区开展的第二轮实验中引入了更大规模的样本，而研究结论仍然一致。其中在匹兹堡开展的第二轮实验中，共收集了 1784 位年龄在 25 到 50 岁之间的参与者数据，结果发现在收入排名后 1/3 的样本群体中，约翰·亨利主义评估分数较低的黑人中高血压的患病率仅为 19.3%，而分数较高的黑人中这一比例却高达 35%。

需要说明的是，对于住在乡村地区的低收入黑人群体来说，生活中遭遇的困境并不必然导致高血压，只有那些高度契合约翰·亨利主义标准——也即渴望成功、在困境中百折不挠的对象才会出现高血压。与此同时，种族因素也扮演着重要角色。在同样的艰难环境下生活的白人样本即使约翰·亨利主义评分很高，也没有出现血压上升的情况。因此可以将高血压高发人群的特征概括为：生活于美国南部乡村地区的、具有高度约翰·亨利主义倾向的低收入黑人群体。而最新的研究显示，高血压发病率上升的现象在中产阶级黑人群体中也有所抬头。

向上翻转的劣势人生：追求阶层上升的代价

本章所介绍的研究工作释放出一个明确而又严峻的信号：如果你对某一领域十分重视且立志从中取得成功，而这一领域恰恰又是你所在群体的传统弱项并饱受偏见，那么一旦投身该领域，你就将为此付出额外的并且往往是非常沉重的代价。然而除了重视，你别无选择，因为你很难做到在看淡功名利禄的同时又能实现稳定的经济保障。这也是谢尔曼·詹姆斯在研究中对具有高度约翰·亨利主义倾向的人群所持有的动机所做的推断。事实上，单单是负面刻板印象引发的压力就足以让人"喝一壶"了，这从之前有关刻板印象风险生理影响的研究中已经可以看出一二。即使是在实验环境中施加的相对温和的、短暂的刻板印象风险都足以引发血压升高、胡思乱想以及工作记忆受损，从而对挑战性任务的完成质量产生明显影响。而当你长期在这种备受歧视和偏见的不利环境中苦苦支撑时，那么生理上急性的应激反应便会渐渐转化为慢性的健康问题——高血压就是后果之一。

按照这一说法，泰德在非洲裔美国人政治学课堂上体验的是一种急性的刻板印象风险。他当时并不明白出了什么状况，但还是出现了一些应激反应，包括高度紧张、胡思乱想、即使自报姓名这种简单的事情也缺乏信心。刻板印象风险对泰德产生的即时性的影响是非常强烈但却短暂的。试想如果这些影响长期持续，比如说他因生活所迫，大部分时间都不得不置身于与这门课程类似的环境中，经受类似的刻板印象风险，那么从某种程度上来说，他会渐渐适应这一情境，找出应对之策，还会去跟有着相同遭遇的难兄难弟们一起抱团取暖。但是，他始终还是要与这些风险进行持续不断的对抗。可以想见的是，过不了多久，他就要为此付出健康的代价。

尽管如此，约翰·亨利的案例却让人觉得，还是会有那么一类人，他们对于财务自由和社会成就的执念是如此强烈，以至于情愿为此付出健康的代价。表面上看没错，但事实却是，他们对自己所付出健康代价的自我理解，其实就跟走下卡皮拉诺吊桥的男生对美女调查员产生的爱慕之情一样，浅薄而又虚无。从人的心理来说，对于人生的欲望和目标总是感受最强烈的，而为了这些目标所付出的代价则会被抛在脑后。因此我们不能单凭泰德或者约翰·亨利主义者的主观感受评估他们究竟付出了多少代价。[1]

如果想要减轻这些压力，我们首先要弄清楚哪些因素会影响这些压力的大小强弱，哪些措施会让身份风险进一步恶化，而哪些则会起到改善作用——这些就是接下来我要阐述的问题。

---

[1] 为谨慎起见，我要在此申明，我并不是在暗示身份风险带来的压力及其对非洲裔美国人的长期影响是如此根深蒂固而又密不透风，以至于只有极少数黑人才能有幸获得成功（比如在学术领域）。事实上，美国黑人中成功人士的数量很多，同时也有多种手段可以缓解身份风险的影响。比如，黑人比较容易在学术领域取得成功，因为这一领域的刻板印象风险较小（后文将会提到，当某一情境中具有相同身份特质的人数达到临界数量时，刻板印象风险便会降低）。又比如，在某些情境下，外界可能会抛除成见，把当事人作为独立的个体对待。如果此时当事人具备了必要的能力和动机，那么便可以抓住这一有利机遇取得成功，本书开头提到的通过用口哨吹奏维瓦尔第名曲的方式消解刻板印象的故事便是一个成功案例。再比如，我们也可以通过改头换面的方式（改变肤色、口音和衣着等）扭转刻板印象的评价，诸如此类。同时我也相信，有很多约翰·亨利主义者即使身处至暗时刻，也会通过燃烧自己战胜一切风险挑战。说到底，我真正想要指出的是成功背后隐藏的风险，也即人们为了获取成功需要克服的各种障碍。同时还要特别强调的是，人们对于自己追逐成功所付出的代价未必了解得一清二楚。

第八章 刻板印象风险的威力：
    无处不在的情境信号

临界数量：女性大法官体现的职场刻板印象

2003年6月23日，美国最高法院针对两起涉及平权法案的诉讼做出了具有里程碑意义的终审判决。在这两起诉讼中，密歇根大学主张其有权在本科生以及法学院的招生过程中将申请人的种族情况纳入考量范围。早在判决日的数周前，我便预计到了最终的判决。早前的舆论普遍认为，对于上述两起案件的态度，9位大法官中的8位已经形成了4比4的对峙局面，因此最后一名大法官桑德拉·戴·奥康纳手上的一票将会起到一锤定音的作用。而恰在此时，我收听了美国全国公共广播电台5月13日播出的《全盘考虑》栏目，内容是主持人妮娜·托滕贝格对奥康纳的一段采访。

这次采访中完全没有提到平权法案的内容，而是聚焦在奥康纳最新出版的回忆录《法律的尊严》上。这部回忆录从奥康纳在亚利桑那州的"懒洋洋"农场度过的年少时光写起，一直叙述到她就任最高法院大法官的时期。当托滕贝格询问奥康纳在早期接手工作的时候,作为最高法院唯一的女性大法官感受如何时,奥康纳回答说这段经历简直"令人窒息"。她说道:"只要我出现的地方,媒体便闻风而至。""他们会对我参与的每一次审判品头论足——奥康纳在这件案子里究竟起到了什么作用?"另外,对于任命她作为大法官的质疑声也是此起彼伏:她有那么优秀吗?她是否具有女权主义倾向?她对于男女平等的态度是否不够坚决?……诸如此类。似乎她的每一个毛孔都要接受全方位的审视。

托滕贝格接着问道:"第二位女性大法官金斯伯格的到来,有没有让之前的局面有所好转?"奥康纳答道:"哦,那简直是天壤之别,从金斯伯格到来的那刻起,我身上的压力立刻就退散了……我们现在占到了九分之二的比例……这可真是一个可喜的变化。"当我一边开着车一边收听到这里时,我觉得自己好像已经知道这两件诉讼最终会怎么判了。因为从奥康纳的言谈中我发现她对于临界数量这一概念十分清楚,而这一概念恰恰是密歇根大学主张自身权利的基本逻辑。

所谓临界数量指代的是一个具体的量值,当某一情境(校园或是工作场合)中小众群体的人数上升到这一量值时,他们便可以摆脱由于人数上的劣势而感到的不适——用我们的术语来说,就是不会再明显感到身份风险的侵扰。当奥康纳还是最高法院中唯一的女性大法官时,作为小众群体的女性数量尚未达到临界数量，因此她便不得不担负起额外的压力，承受外界对她的吹毛求疵，就像第一位进入美国职棒大联盟的黑人选手杰基·罗宾逊一样，不停地与各种歧视、偏见作斗争。不过，当金斯伯格到来时，女性大法官人数到达了临界数量，她的压力和负担瞬间减轻了。而这种变化远不止于心理层面，连她的实际处境都随之改变了。每次判决过后，媒体对她的采访少了很多，即使有报道，也很少会再抓住她审理案件的"女性视角"不放了；记者们也不再像狗仔队一样如影随形了。她的工作环境中多了一位与她同样具备女性经验和视角的同伴，这使得她对于外界投来的偏见不再那么忧心忡忡了。

后来，奥康纳退休了，最高法院又只剩下唯一一位女性大法官——金斯伯格，临界数量的条件无法达成，于是金斯伯格也开始面临与奥康纳早先的遭遇类似的处境。在近期的一次谈话中，金斯伯格对于奥康纳的退休大为感慨："直到她退休的那一刻，我才真正意识到自己是如此需要她。虽然我们对很多重大问题的看法并不一致，但我们都具备着女性独有的成长经历，并且相对男性同事们来说，我们在某些方面的敏感性更强。"她同时表示，她不愿意奥康纳的离开被解读成最高法院在暗示女性大法官的存在只是限时限量的猎奇行为，而非常规现象。

临界数量并不是一个精确的概念，我们很难给它界定一个准确的数字。比如说，在最高法院这样的环境中，只要再多一位女性大法官，便可以让奥康纳获得临界数量的效益；但如果是在大学校园中，那么仅仅两名小众学生便很难满足临界数量的要求了。那么把握这一概念的关键点在哪里呢？一种可能的标准是，既定情境下的小众群体数量必须多到足以改善该小众群体中个体的境遇。对于一般的大学校园来说，仅仅两名小众学生很难扭转校园的风气——校园的主流风格、不同人群的地位、学生领袖的标准、遭遇偏见的可能性等。拿具体实例来说，对于拥有多达36 000名学生的密歇根大学来说，100乃至500名黑人学生可能很难达到临界数量。不过对于最高法院来说，只需再多来一名女性大法官，便足以令奥康纳的境遇得到明显改变。

哈佛大学著名的组织心理学家理查德·哈克曼和他的同事尤塔·阿尔门丁格以世界各地交响乐团中女性成员的融合情况为观察对象，就上述问题展开了研究。他们的研究发现十分引人注目。在女性比例较小（1%~10%）的交响乐团中，女性音乐家们的境遇与桑德拉·戴·奥康纳在金斯伯格上任前的经历颇为相似。她们时刻都处在需要为自己正名的压力之中，还必须得迎合男性眼中对于优秀团员的评价标准；当交响乐团中的女性比例达到20%左右的时候，部分满足了临界数量，此时女团员们仍然会遇到一些困难，但是相比那些女性沦为花瓶的乐团来说，她们作为女性群体的底气更足了；直到女性比例达到40%左右——男女数量十分接近的时候，女团员们对于工作体验的反馈才呈现出较高的满意度。

由此可见，临界数量这一概念很难精确把握。话说回来，在

2003 年的那一天，当我在车子里收听广播节目时，我认为桑德拉·戴·奥康纳既然亲身体验过临界数量发挥效应前后的巨大差别，那么理应对临界数量的现实意义和重要性有着切身的体会。

奥康纳大法官可能希望这个世界变得更加简单——人人生而平等，校园或工作场所应当对每个人一视同仁，而不应根据身份将人分为三六九等。可能在她的理想中，作为最高法院唯一一名女性大法官的体验应当与其他男性大法官没有差异。可能她希望对于法律的解读应当仅限于个体层面，而不能影响到群体身份的境遇。毕竟她成长于个人主义盛行的美国西部边陲，同时还具有自己独特的经历。于是，在密歇根大学的两起诉讼上，奥康纳大法官基于上述理念做出了关键性的判决。密歇根大学对本科生招生相关权利（使用特定手段对招生名额进行直接限制）的诉求被驳回，但另一件主张法学院招生相关权利的诉讼却被判成立，学校得以保留在法学院招生时将申请对象的种族背景纳入考量指标。最高法院在这里释放出的信息是少数族裔学生的临界数量将会对学生们在大学环境中的学习和表现起到实质性的影响。

身份融合：环境透漏的情境线索

桑德拉·戴·奥康纳在她极为重视的环境（如最高法院）中经历过高强度的身份风险。而本章的核心问题则是这种风险是如何被感知的？这种风险的影响程度又取决于何种因素？

必须得承认的是，我的第一个念头是倾向于从心理学角度出发寻找答案。因此我猜想可能存在某种心理层面的特质，使得当事人容易受到风险影响，比如缺乏自信、对潜在的歧视过于敏感、抗压能力不佳等。不过我们的早期研究已经表明了此路不通。从各种案例中也可以看出，受到身份风险影响最大的反而是像桑德拉·戴·奥康纳和鲁斯·巴德·金斯伯格这样的精英，还有少数族裔以及女性学生中的佼佼者。如果这些人的能力都不足以克服身份风险的影响，那么可能已经没有人类能够阻止这一风险了。

因此，我们转而将关注焦点放在环境因素所起到的作用上。与个人身份相关的环境设定正是令我们感受到身份条件作用的重要因素。而这一思路则引出了另一个设想：感知特定场合下身份风险强度取决于这一场合中存在的、会对这一条件作用产生提示效果的各种线索。比如在奥康纳的例子中，相关的线索就包括：相比其他大法官，她所做出的判决受到外界关注的程度更高；她受到的许多质疑看上去都来自性别偏见等。有鉴于此，我们对于促使当事人感知身份风险，以及决定身份风险影响程度的因素提出了以下假设：相对个人特质来说，那些能够对身份条件作用的存在起到提示作用的各种线索才是更加重要的因素。

当我们正在对这一假设进行深入思考时，我的一次亲身经历恰好成为一个生动的例证。事情发生在我对硅谷一家创业公司的走访过程中，一路上我发现了许多有关年龄的线索。该公司的

CEO 只有 26 岁，而其他员工则更加年轻。办公室的格子间上方悬挂着一辆辆自行车，四周萦绕着的音乐也是我从未听到过的新潮曲目。我顿时觉得自己已经老了。我开始想象如果自己在这种环境下工作将会是怎样的情景。我想象得出自己会因为身边的同事而感到焦虑，他们倒不见得普遍会对年长者抱有偏见，但是在这种环境中，难保他们不会戴着有色眼镜看待我，比如说产生"这位大叔应该对计算机不太在行吧"的想法。他们也许会以一种居高临下的姿态看轻我的表现，或是低估我的贡献。他们可能觉得我是个无趣的人，甚至觉得跟我待在一起会让自己掉价，所以在用餐或者开会的时候都不愿意坐在我旁边。就这样，还没等这家公司里的任何人开口跟我说话，单单凭着格子间上悬挂的自行车以及空气中弥漫的音乐这些情境线索，便足以让我自行脑补出了上述各种可能的不利境遇。

于是这种假设便成为我们研究的主要问题：在特定情境中自然存在或是不可或缺的、看上去人畜无害的元素会否成为决定当事人对身份风险感受程度的线索呢？

我们完全有理由做出这种假设。如果你正努力让自己的身份融入特定情境中——例如奥康纳需要将自己的女性身份与最高法院的情境相融，泰德则需要将自己的白人身份与非洲裔美国人政治学课堂相融——那么对于潜在的条件作用的警觉将会是你关注的焦点。那么还有什么会比这一情境本身的信息量更大呢？不过这也不是件容易的活儿，你需要抛下其他事情，聚精会神地观察情境特征，可能某个特定的线索就蕴含了你想了解的全部信息，当然也可能毫无意义。你必须不断地深挖下去，有时候还需要对多种线索进行综合分析和解读。比如奥康纳大法官可以根据每次判决结束后记者们发来的手机短信数量判断出她在案件审理过程中所发挥的作用正在受到严格的检视——这就是她在最高法院情境中遭遇的身份条件作用。又比如，可以根据辩方律师在发言时更多与男性大法官进行眼神交流的倾向，判断出她的女性身份影响到了她在法庭上的权威——这也是一种条件作用。当然她对此也无法完全确信，也有可能这些细节不代表任何含义。但从某种程度上来说，无论是刻意而为还是潜意识作祟，她都在对这些情境线索进行筛查，并试图从中获取有用信息，并为此投入了宝贵的精力。

　　于是我们得出了一条简单的定律：如果在某种情境中出现了大量的令人感到不安的情境线索，那么对于身份风险的感知度便会相应提升。反之如果某种情境中线索的数量不多，或者都是透露出善意的，那么对于身份风险的感知便不会被唤起，或是有所缓解。如果这条定律行之有效的话，那可真是再好不过了。在后续章节中，我会向各位读者展示如何运用这一定律削弱刻板印象风险，尤其是在那些容易造成不良后果的场合中。不过现在我会先援引若干典型案例，解释如何通过对情境线索的探究来感知条件作用。

　　如果我们将各种情境线索列出一张清单的话，那么"令人感到被边缘化"的线索一定是排名靠前的。而这种线索的数量其实就是特定情境中与当事人身份相同的个体数量，也可以说是"临界数量线索"。上一代的美国黑人网球明星阿瑟·阿什曾经说过："和其他许多黑人同胞一样，当我进入一个陌生的公共场合时，我总会下意识地去数现场黑色和棕色皮肤人员的数量……"泰德同学则会在非洲裔美国人政治学课堂上数和自己相似的面孔数量，而最高法院的鲁斯·巴德·金斯伯格也会做同样的事情。事实上几乎每个人都有过类似"数人头"的经历。原因何在？因为我们想要了解在既定情境中存在多少与自己身份相同的伙伴，其数量是否足以令我们不会因为身份特质而受到边缘化的对待。这就涉及临界数量的问题。数量少的话就暗示着潜在的不利影响——难以融入环境、缺乏意气相投的同伴、身份和话语权缺失等。这些情境线索不能视作条件作用的铁证，但是它们的确暗示着各种可能性，因此我们不得不花费精力去对这些可能性进行评估。比如泰德作为非洲裔美国人政治学课堂上仅有的两名白人之一，他不得不对课堂中的紧张气氛保持时刻警觉。

还有其他一些指向边缘化的情境线索。如果在既定情境中没有什么重量级人物是与你同样身份的，那么这同样也会暗示一些问题。在这种场合下可能你的一腔热情会遭到冷遇，也可能你会被排挤到犄角旮旯。从这个角度上来说，希拉里·克林顿和贝拉克·奥巴马参加总统选举的一个重要意义在于他们帮助女性和黑人两大群体打破了在政治上被边缘化的处境，从此这两种身份不会再成为竞选国家最高领导人的一种累赘。

作为一个对条件作用充满警觉的人，你还会注意到身份对于环境的塑造作用。我所在的餐厅会为不同种族设置分隔空间么？我的校园友情是否也被分成了三六九等？男性教授的待遇会高过女性么？校园里的绝大多数原则都是为男性设置的么？我们获取资源的能力——从进入本地的游泳池到前往高校深造的机会——都会受到家族财富的影响么？

接下来介绍的一些体现环境包容性大小的线索。例如，我的学校会对群体间的融合或割裂给学生带来的不同体验予以重视么？学校的领导层对此意见统一还是分歧明显呢？以上问题的答案都可以作为条件作用的线索，你会从中领悟到自己在这一情境中应当如何妥善应对。

当然，在特定情境中还可能存在一些与偏见相关的线索。偏见是否是一种稀松平常的现象？在我的工作环境中有没有鄙视链的存在？有没有因群组间的彼此成见而引发的竞争和对抗现象？

在对身份条件作用进行侦察时，要格外注意以下几点。首先，通常来说只有在需要让自己的身份融入既定环境时，才需要关注各种情境线索。这一点并不是绝对的。比如在一个少数族裔专门学校中，少数族裔的学生们可能会将校园里破旧不堪的环境视为被社会大环境轻视的一种信号。不过通常情况下，探究情境线索的行为都是由对身份融合的内在需求所引发的。这时，整个情境都成为线索的海洋，你得从中准确识别出哪些条件作用是需要你妥善应对的。

其次,探寻线索并不意味着只关注偏见。如果我们将所有"影响身份融合的要素"列出一张清单,那么就会发现并不是所有的身份风险都来自持有偏见者。想象一下金斯伯格到任前奥康纳大法官在最高法院的经历。她曾经经历的很多境遇都不是由同事或下属的偏见造成的。也许有些同事的确对她抱有偏见,但真正给她造成困扰的却是更深层次的原因——一个以男性思维为主导和参照、在运作过程中很少从女性观点出发考虑问题的法庭;一个女性数量未达到临界数量、令她缺乏归属感的法庭;社会大环境和法律专业领域对于女性的负面刻板印象被滥用在对她的工作评价上;作为最高法院的唯一一名女性大法官意味着她做出的每一个判决都像是在为女性群体代言等。上述种种问题,都是奥康纳必须持续应对的,无论她的同事们对她抱不抱性别偏见都不影响大局。

真相往往就是如此残酷而现实——身份风险并不单纯是偏见带来的风险,而是整个情境综合作用的结果。

无人是孤岛:创造安全感的关键改变

你或许和我们一样感到疑惑。难道在特定情境中出现的几个小小线索便足以削弱个人的归属感吗?难道个人的所思所为会与社会环境中的细节同频共振么?然而我们的确有充分的理由支持我们的观点。回顾前文，我们对环境线索的重大影响所做的阐述看上去是能站得住脚的。那么这种理论能否经得起实证检验呢？

为了进一步挖掘这一思想，我与瓦莱丽·珀迪－万格斯和玛丽·墨菲两位同事一起展开合作。瓦莱丽是来自纽约的非洲裔美国人，而玛丽则来自得克萨斯，拥有部分拉丁血统。这两位女士虽然身世背景各异，但在学术天赋方面却不相上下：她们两人对心理学研究都有着深刻的见地，并且都痴迷于"社会身份如何影响工作和学习体验"这一课题的研究。除了以上两位主要搭档外，有时候，一位机敏过人的、来自加拿大滑铁卢大学的博士后小伙保罗·戴维斯（现为加拿大基隆拿市英属哥伦比亚大学教授）以及另一位冰雪聪明的、对"身份如何影响教育体验"这一课题充满浓厚兴趣的青年心理学者詹妮弗·兰德尔·克罗斯比也会加入我们。我们整个团队都在热火朝天地研究一个所谓"没有人是一座孤岛"的课题。我们试图了解的是，一些诸如"特定情境下的归属感"之类的基础性情感会否受到该情境中的一些偶发线索（比如悬挂着的自行车、来自记者的手机短信、作为政治学课程中仅有的两名白人学生之一等这些朦胧地暗示着身份条件作用的线索）的影响呢？直觉告诉我们，答案是肯定的，不过我们同样可以合理地假设，只要人们的意愿足够坚定（比如对所处的情境予以充分重视），那么克服这些情境线索的影响并不是什么难事。

我们的直觉推测很快便得到了迈克尔·因兹利奇和阿

维·本-泽埃夫所发表的最新研究成果的支撑。在这一研究中，男女志愿者们被分为三人小组，接受高难度的数学测试。结果发现，在没有男生的三人小组中女生的测试成绩比在只有一名男生的小组中女生的成绩要高；而后者的成绩又比有两名男生的小组中女生的成绩要高。也就是说，随着小组内同性成员数量的减少（这也是一种偶发的、朦胧的情境线索），女生们的表现也随之下降。由此可见，这些女生们并不是"孤岛"，虽然我们很期待看到她们能够克服来自周遭环境的影响，但她们明显还是被一些情境线索所困扰了。

而我们团队中的保罗·戴维斯则与史蒂夫·斯宾塞携手发表了另一个有关情境线索的影响力的实证成果。他们以开展媒体研究的名义，招募男女大学生们观看六条电视广告。其中一半的学生会看到两条对刻板印象中女性"无脑"形象进行刻画的广告，比如其中一条广告展示的是一位女生正在大吹特吹自己所在的男女混校中的派对生活；而另一半学生看到的所有广告中都没有性别暗示的内容。看完广告后，每位学生将会依次被带到展示大厅的另一头去完成另外一个看似不相干的研究，也即帮助一位研究生完成若干语文和数学题目，具体数量则由当事人自主决定。实验的结果一目了然：那些看过女性刻板印象相关广告的女生们无论是在选择数学题目的数量上，还是在答题的正确率上，抑或是在对数学相关专业和职业所表现出的兴趣上都明显低于另一半没有看过这些广告的女生。也就是说，单凭一种偶发的、暂时性的线索便足以令女生们的数学表现出现下滑，同时还冲淡了她们对数学以及数学相关专业和职业的兴趣。至于背后的作用机制，可能是它唤起了女生们心中对于刻板印象的抗拒，从而陷入担心自己的表现坐实刻板印象的压力中。

当我第一眼看到这个结论时，便不由得开始考虑如何将这个结论有效推广到现实生活中。一般来说，暂时性的线索只能发挥微小的、暂时性的效用。这毫无疑问。但是当我想到奥康纳在金斯伯格到来前的法院工作体验，想到泰德在非洲裔美国人政治学课堂上的体验，想到作为一名女生在计算机课堂上的体验，那些存在于既定情境中的、引发了多种不利影响的线索并不是暂时性的，它们在既定情境中持续不断地存在着，因此它们的确有可能发挥巨大的、持续性的效用。没有人是一座孤岛。许多足以改变我们命运的选择，以及对我们至关重要的表现都可能会受到我们所处环境中一些偶发性因素的干扰，即使我们几乎没有意识到它们的存在。

现在，我们有证据证明这些情境线索及其引发的风险将会对个人的某些表现甚至是对某些职业的兴趣产生破坏。不过我们缺乏直接证据证明偶发性的线索能够摧毁个人对于所处环境的归属感或是信任感。那么这种情况是否属实呢？

为了验证以上说法，我和瓦莱丽·珀迪－万格斯一起设计了一个简单的实验。我们精心仿制了一些假装是来自某硅谷公司的工作简报，并将其出示给一些黑人和白人实验对象，等他们阅读完毕后，再让他们反馈自己对于这家公司产生了多少归属感和信任感。为了通过这一实验观察一些有关公司的偶发性线索（比如提示该工作场合中可能存在身份条件作用的一些迹象）能否影响个人对其的归属感和信任感，我们制作了各种不同的简报体现各种不同的公司特质，然后再比较不同简报对当事人归属感和信任感产生的不同影响。

在我们仿制的简报中会出现一些反映公司日常状态的照片，其中一些简报的照片中公司里的少数族裔（黑人、拉丁裔、亚裔）员工数量比较稀少；而另一些简报的照片中则出现了大量的少数族裔员工。与此同时，我们还希望对另外一条情境线索进行探究，也即公司对于多元化价值观所做的声明。其中一些简报中会刊登非常醒目的文章，表明公司对于不同族裔员工一视同仁——将每位员工当作独立的个体予以对待并为之创造福利；而另一些简报中的文章则声称公司遵从的是价值多元化——公司尊重来自不同背景的员工为公司带来的多样化的视角和资源。

我们的实验步骤简单而便利。主要就是将这些简报分发给不同的黑人和白人实验样本，而形式则比较灵活——首先肯定包括招募学生去实验室开展研究，同时我们还会对在学校餐厅用餐的商学院学生，对周末联谊活动中出现的黑人专业团队，以及对来往于帕洛阿尔托和旧金山之间的城际列车上一些素不相识的乘客等进行调研。我们选取的样本是多种多样的，同时对于所有样本都会观察他们对于上述两条线索（少数族裔的临界数量和多元化政策）的反应——实验对象对相关公司的归属感和信任感。

我们几乎在对每种类型的实验样本的观察中都得出了同样明显的结论。白人受访者（在简报中被定义为多数群体）无论接受了怎样的线索暗示——无论简报照片中出现的少数族裔员工人数是少还是多（哪怕有的照片中少数族裔员工的人数占到了33%），也无论公司秉持一视同仁还是尊重差异的理念，他们都会对相关公司产生归属感和信任感。看起来白人无论在小环境还是大环境中的主流地位，有助于他们形成对环境的归属感。

不过，黑人受访者的表现就和阿瑟·阿什一样了。他们会计算人数，当照片中的公司拥有相当一部分少数族裔员工时，他们便会和白人一样对该公司产生信任感和归属感。同时，这些感觉的形成并未受到公司多元化政策的影响，只要少数族裔的人数接近临界数量，那么他们便会安心许多。

然而，当照片中的公司里面少数族裔员工的数量很少时，黑人受访者对于公司的信任感和归属感便要视情况而定了。此时公司的多元化政策便起到了决定作用。有趣的是，一视同仁的政策——可能也是目前美国国内最主流的做法——非但没有起到积极作用，反而进一步削弱了信任感和归属感。个中原因可能在于黑人受访者很难轻易相信一家少数族裔员工寥寥无几的公司能够真正贯彻一视同仁的政策。另一个重要且有趣的发现是，黑人受访者对于崇尚多元价值观的公司并未表现出不信任，如果公司推行多元化政策，那么即使少数族裔员工屈指可数，也可以令他们产生归属感。以上这些研究发现对于实践的指导意义在于，临界数量的达成以及对多元化的尊重都可以在一定程度上有助于少数族裔群体更好地融入所在环境。

这些发现同时揭示了一些更加具有普适性的道理：当人们对身份风险进行评估时，对不同线索的不同解读之间是会相互影响的。比如，明确表示"尊重多元化"的政策会令黑人受访者不再纠结于公司的少数族裔员工数量过少的问题；而如果少数族裔员工规模足够庞大的话，又可以有效缓解黑人受访者们对公司一视同仁政策的担忧。总而言之，对于某种线索的解读，是要结合对其他线索的理解综合考量的。

说到这里，我们找到了一种对身份风险的负面效应进行补救的措施，也即如果在某种情境中有足够的线索能够让某一群体的成员建立起"身份安全感"，那么这些线索便可以对另一些同时存在的、可能引发不安的情境线索起到中和作用。比如当金斯伯格入职最高法院后，许多曾经令奥康纳饱受身份风险困扰的情境线索依旧存在——男性主导的法庭文化和情感基调、最高法院清一色男性大法官的历史传统、社会对于女性能否胜任大法官的质疑等。不过金斯伯格的出现足以令奥康纳获得身份安全感，足以使得关键性的身份条件作用产生扭转。于是上述那些情境线索对她产生的干扰便大为减弱，同时她也意识到自己内心的安全感更强了。

我和瓦莱丽所做的研究开辟了一种新的可能性：既然身份安

全感上升到某个临界点后便能够有效降低其他情境线索可能引发的风险,那么为了使特定的情境显得更有安全感,或许不必进行彻底的重塑(比如将所有可能带来身份风险的线索清理得一干二净),而只要对一些关键性的因素进行改造即可。这一理念将会在下一章节加以展开。

不过在对上述观点作进一步阐述之前,我还想介绍一下玛丽·墨菲对于情境线索的影响所做的深入研究。玛丽怀着对身心关系——心理意识与生理机能之间相互联动的浓厚兴趣而加入我们的研究团队。她提出了一个问题:身份风险会带来哪些生理性危害?比如桑德拉·戴·奥康纳和泰德会不会因为承受了情境线索所引发的风险而付出一些身体健康方面的代价?我和瓦莱丽所做实验中出现的偶发性情境线索真的会引发生理反应(心跳加快、血压升高、紧张出汗)么?这一问题与我们研究约翰·亨利主义时所关注的情况非常类似,而在此之前我们了解到的是,如果在参加测试的过程中受到了刻板印象风险的影响,那么便会出现相应的生理反应。不过参加考试本身就是一件令人紧张的事情,而玛丽所关注的是日常生活存在的身份风险将对当事人造成怎样的生理影响?假设我真的在位于硅谷的那家创业公司里供职,那么当我看到悬挂在半空中的一辆辆自行车后会导致什么生理上的影响么?还有,当泰德坐在非洲裔美国人政治学课堂中时,也会出现某些生理反应么?

我们需要获得额外的帮助完成这一研究。于是玛丽找到了在我们楼上办公的詹姆斯·格罗斯。詹姆斯是人类情感心理学和生理学研究的国家级领军人物之一，他在百忙之中抽出时间给予我们大力支持，于是我们这个研究小组正式开张，目标直指一个核心问题：偶发性的情境线索——那些在特定情境中偶然出现的、可能暗示了风险性身份条件作用的线索会对当事人的生理方面产生切实的影响么？在此基础上，我们还增加了另一个问题：上述的情境线索会否令当事人对于周边环境产生更大的警觉，从而更加留意可能出现的不利状况？我们可以通过测试当事人对于一些零散信息（比如既定情境中的男女性人数、座位的设置、大门的位置等）的记忆能力，评估当事人对于周边环境的警觉程度。

我们在斯坦福大学招募了一些数理专业的男女学生志愿者，安排他们依次进入实验环境，每次一人。这些志愿者们被告知他们的任务是对一段关于即将在斯坦福召开的理工学科领头人暑期峰会的宣传视频给出评估意见。同时我们征得了他们的同意，在他们观看视频的同时对他们进行生理指标的监测，以便了解他们对于宣传片的生理反应。而实验用的视频则播放了一些模拟暑期峰会实况的照片。部分实验志愿者观看的是"平衡版"照片，也就是说在每张照片里，男性和女性的人数相等；而另一部分志愿者观看的则是"失衡版"照片——每张照片中男女性比例为 3 比 1，在我们看来，这种情境线索可能会引发针对女性志愿者的身份风险。视频放映完毕后，我们会通过调查问卷评估每位志愿者对于视频以及实验环境中的一些细枝末节的记忆程度。整套实验至此结束。

实验结果如何呢？我们在理工男们身上并没有太大发现，他们对于视频中播放的显示不同男女比例的照片都无动于衷，生理反应上一直处于波澜不惊的状态。同时，他们无一例外地对视频以及周围环境的细节印象模糊。不过女生们的情况便有所不同。相对于观看"平衡版"视频的女生来说，观看了"失衡版"视频的女生们出现了明显的心跳加速、血压升高以及紧张出汗的状况，并且她们对于视频和实验环境中的零星细节都记忆得更加清楚。可见她们的警惕感被激发了起来，所以对这场"学术领头人峰会"中任何可能会提示条件作用的信息都更为关注。而视频中男性比例的提升便足以令她们产生相应的生理反应、引发她们对周边环境的高度警觉，以及强化她们的记忆能力。

在桑德拉·戴·奥康纳和鲁斯·巴德·金斯伯格各自作为最高法院中唯一女性大法官工作的时期，她们很可能一直都承受着额外的生理负担，为了额外的提心吊胆而付出隐性的代价，并且可能她们对这一切都毫无意识。同时，我和玛丽的研究表明达成这一切绝非难事，即使在最普通的情境中都可能产生类似的问题。如果不是身为女性，那么便很难注意到实验环境中反映不同男女比例的视频之间的差异。然而，仅仅一段反映男女比例失衡的视频便足以令女性观众脉搏加速、血压升高、神经紧张，同时也令这些理工科女生们更加关注视频和实验环境中的各种线索以便为可能出现的状况做好应对。

我和玛丽还开展了其他一些类似的实验，同样表明即使再怎么普通而又细微的情境线索都足以引发身份风险。这一效应的作用机制在于这些情境线索能够让当事人对基于自己身份而可能引发的不利状况产生焦虑。同样重要的是，这些实验再次证明了我和瓦莱丽此前发现的一个有利现象：那些能够营造身份安全感的情境线索会对由其他情境线索引发的身份风险起到抵消作用。

　　我和瓦莱丽以及玛丽从事这项研究的目的在于寻找能够左右身份风险强度的决定因素。现在我觉得我们找到了答案，那就是情境线索，也即存在于既定情境中的、对于可能出现的不利身份条件作用起到提示作用的一些特征表象。这些情境线索越多，其传达的不安感就越严重，相关风险转化为现实的概率就越高，我们所感受到的身份风险就越强烈。比如桑德拉·戴·奥康纳在最高法院任职初期，身边便充斥着这些情境线索——不是言语暴力、也不是来自同僚们的偏见，而仅仅只是工作场合中的一些再寻常不过的情境特征（比如女性盥洗室的不足，或是记者提出的带有偏见的问题等），以及其所暗示的由女性身份引致的条件作用[①]。

　　于是我们得出了一个非常实用的结论——情景线索和条件

---

① 如果将这一推理运用到少数族裔学生的在校表现上，结论就是：如果校园中存在的提示身份风险的情境线索越多（少数族裔学生人数较少、高度精英化的学术氛围、少数族裔教职工人数不多等），那么针对少数族裔学生的刻板印象风险就越突出。反之（临界数量的达成、成功路径的多样化、少数族裔群体领导力的具象化等）亦成立。

作用是可以改变的，至少在某些情况下是如此。我对这一结论表示欢迎，因为它意味着我们可以采取干预措施重塑人们的内心想法——当然，对于心理层面上的一些根深蒂固的特质或缺陷，补救起来的难度就会更大。心理医师的资源毕竟是有限的，但至少我们可以在某种程度上对环境进行改造，继而对风险性信号的释放强度进行调节。这就是这一研究发现的鼓舞人心之处。它对如何降低身份风险及其在重要场合下引发的不利影响进行了深入的思考；它为如何设计相应的补救措施提供了有益的启示；它提醒我们要关注环境本身，包括关键性的情境特质和场景布置，以及伯特·威廉姆斯所说的"不便之处"，同时还要关注情境线索会通过怎样的方式被人感知。

建立在以上认知的基础上，我认为我们可以采取一些方式改善人们在现实生活中将自身身份与特定情境相融合的感受和体验。我希望这种可能性真实存在，因为它将是我们这场探索之旅的下一个目的地。

第九章　如何降低身份和刻板印象风险

摘下面具：提升安全感的明灯

1967 年秋，我开始进入俄亥俄州立大学哥伦布分校攻读社会心理学的博士研究生学位。一提到研究生院，或者医学院、法学院之类地方，每个人在刚入学的时候都会感到一股压迫力，尽管有时候那不过是一种虚张声势。作为一名"菜鸟"，当你来到这样一个充满挑战和外界评价的世界，且又志在取得成功时，你会四处寻找可以让自己产生归属感的各种线索。无人例外。不过那个时候社会心理学专业只有我一名黑人学生，而即使是拥有一百多学生的整个心理学院也只有两到三名黑人，因此相比其他学生来说，我会感受到更多一层的困扰——毕竟在那个年代，高等教育领域内的种族融合还是一个崭新的课题。

我的形象与这个学院契合么？研究生项目就是以追求卓越为基调的，无论是这里的价值观，还是对于高质量的要求都是如此，这当然令我倍感振奋。不过，这些要求只是一整套价值体系中的一部分，作为本专业中唯一的黑人，在我看来，这一套价值体系根本就是为白人量身设计的。因此，一些对于白人学者来说毫不起眼的细节，比如着装朴素、对于欧式风格的青睐、对于葡萄酒的偏好等，都在以一种心照不宣的方式与追求卓越挂上了钩。如此一来，连追求卓越本身似乎都附带了身份条件，而这恰恰是我所不具备的。也许我会试着让自己也假装拥有这种调调，不过很快我就意识到，表面功夫是难以持久的，用不了多久，那个根子里就不怎么"卓越"的我便会原形毕露了。虽然我也知道许多研究生在试图让自己融入专业领域氛围的过程中都曾经历过这种"自我否定综合征"，但是如果让我们产生差距感的原因在于种族身份，那么这种融合就非常难以实现了。

与此同时，在这个专业领域内还弥漫着一股十分刻薄的刻板印象风险。在这里，学术能力是最受推崇的特质，而在美国人传统的认知中，这一特质恰恰是我所属的黑人群体普遍缺乏的，我自然也难以独善其身。值得一提的是，心理学科的研究工作也像是一个反复揭开伤疤的孩子，不断地质疑黑人是否真的具有与白人同样的智力水平。比如学者亚瑟·詹森就曾在他的论文《论智力和学术成就的提升空间》中表达过这种质疑。此后，学者理查德·赫恩斯坦和查尔斯·默里在《钟形曲线：美国生活中的智商和阶级结构》一文中也有过类似表达。关于这一课题的心理学研究似乎已经成了一种周期性的常规活动，而我则不幸成了一个鲜活的研究样本。

我很难想象如果有一天自己摘下面具,跟白人学生们一样率性而为的话,将会招来多少鄙视的目光。毕竟外界对我们黑人群体本来就抱有各种偏见,而且我的形象也和学术领域的卓越典范格格不入。总之压力来自方方面面,绝非只有高难度的学业测试一种而已。无论在课堂上还是在平时的对话中,甚至在观看球赛的时候,这种压力都会油然而生。这种压力会抹杀掉我的个性,即使在小组聚餐这样的非正式场合中也是如此,而如果有教职工在场时情况就更甚,比方说我从来不在课堂上提问。我的感受就跟泰德在非洲裔美国人政治学课堂上经历的一样,但区别在于我所面对的可不止一门课程。我现在还记得,在一次研讨会上,我呆呆地注视着自己的双手,喃喃呓语着:这黑颜色的皮肤究竟意味着什么?毫无意义么?还是意味着所有?

这里必须强调的是,我所感受到的压力并非来自周围环境的恶意。这里是一座大学城,而我所攻读的博士项目内部氛围也十分友善,同学之间互帮互助,同时我也一直对周围的环境释放着最大的善意。不过在最初的那段时间里,我还是得不断地摸爬滚打,毕竟融入这个环境可不是件轻而易举的事情。

在进入研究生院学习的早期阶段,我对于如何才能提升对周围环境的信任感缺乏明确的指导思想以及相应的理解。当然我的意思并不是说压根儿就没有什么指导思想,事实上恰恰相反,当时市面上各种思潮五花八门,包括"加倍努力,不必在意他人的看法"、民权人士主张的耐心与坚忍、"相信自己"等,而且以上所有这些我都一一尝试过。不过为了让自己的紧张情绪得到切实的缓解，我的确需要找到一盏能够真正提升安全感的明灯。

总有一天我会找到这盏明灯的，同时我也有理由相信，它会帮助到和我处于同样困境中的人们。不过首先还是得探讨一个更加基础性的问题：身份风险真的如此重要么？它究竟是导致特定群体表现欠佳的主因还是辅因？在研究具体的弥补措施之前，我们有必要对弥补行为本身的重要性予以界定——以真实的大学校园生活作为落脚点。

切肤之痛：顶级高校学霸竟成为刻板印象的最大受害者

比尔·鲍文是一位以精力旺盛而闻名的学者。他出生于美国中西部，在经济学专业耕耘多年。1972年，时年39岁的他被任命为普林斯顿大学的校长，随后跻身普林斯顿大学最具成就的校长行列。1988年，他离开普林斯顿大学，赴任安德鲁梅隆基金会（下称梅隆基金会）会长。该基金会因在美国高等教育以及艺术人文等领域的突出贡献而享有盛誉。作为梅隆基金会的会长，鲍文的一个鲜明的风格在于他坚定地认为，高等教育领域中的重要政策问题应当尽可能建立在实证研究的基础之上。这种实证研究应当回答以下问题：哪些背景因素可以促进学生们的在校表现？这些因素对于少数族裔和低收入群体学生也同样适用么？平权政策的受益者将来会如何回馈社会呢？学校对于体育特长生的保送政策将会使得多少学术能力优秀的学生抱憾出局？鲍文不但提倡调研，而且还身体力行地将这项调研工作落到实处，证明其行之有效。

鲍文非常善于运用自己的辩才以及职权取得许多一流大学的支持，以便获取研究所需的各种数据。他本人则对梅隆基金会资助的一项"本科及以上学位教育"的研究工作加以重点跟进。这项研究对三届（1951届、1976届和1987届）大学生们进行了跟踪调查，从他们步入高校起一路跟踪到完成学业后（往往会跟踪到他们40多岁时）。鲍文与哈佛大学的前任校长德里克·博克在他们所著的《势如河流》一书中指出：那些在平权政策的帮助下进入一流大学就读的学生们，即使在"上游"地带——高校象牙塔中只能苦苦挣扎，但在今后的生活中，他们对于"下游"地带——外部社会所做的贡献更多——这部著作的书名也正由此而来。

在这期间，梅隆基金会同时还资助了由社会学家斯蒂芬·科尔和埃莉诺·巴伯主持的另一项关于"名校就学体验"的研究。而无论是鲍文－博克团队还是科尔－巴伯团队，他们都发现了有关少数族裔学生学业欠佳问题的一些铁证，这与我多年前在密歇根大学"少数族裔生源招募及维护委员会"担任职务时了解到的情况一模一样。很显然，学业欠佳问题并不只是密歇根大学的"特产"。更为重要的是，两组研究团队都在报告中将导致学业问题的可能原因指向了刻板印象风险。鲍文和博克指出，他们发现（与同水平白人学生相比）学业欠佳的情况在黑人尖子生身上表现得最为突出，考虑到刻板印象风险也是对尖子生们最为"关照"，因此可以合理推测刻板印象风险与学业欠佳的问题可能有所关联。而科尔和巴伯的研究旨在寻找能够鼓励学生投身科研生涯的各种因素，因此他们从一开始就只关注高校里的尖子生。他们发现：越是杰出的名校，刻板印象风险就越大，因此学业欠佳的问题就越严重。我猜想，对于上述这些发现，可能还会存在其他不同的解读，比如缺乏文化积累或是系统化的学习技巧等。不过这些发现的确为早已在实验环境中得到强力验证的刻板印象风险效应提供了绝佳的真实案例作为支撑，并在相当长的一段时期内一直发挥着积极的作用。

学者道格拉斯·梅西曾先后在宾夕法尼亚大学和普林斯顿大学与同事们一道开展对各所名校内黑人和拉丁裔学生经历的刻板印象风险进行直接的量度。道格拉斯·梅西和比尔·鲍文在很多方面都非常相似 —— 身材相仿、精力和工作效率都同样过人，并且对于社会热点问题（如社区隔离、拉丁裔移民问题等）的研究工作都崇尚精耕细作等。同样是在梅隆基金会的资助下，梅西和他的同事们针对大学学业表现情况发起了一场全国性的调研。本次调研覆盖的高校样本与鲍文和博克研究中所涉及的学校大同小异，其中多数为常春藤高校、享有极高声誉的公立大学以及著名的人文学院。本次调研的重点在于探究学生的身世背景对其学业表现有何影响。而为了与鲍文和博克的著作

《势如河流》形成呼应，梅西和他的同事们将他们发表的第一份报告命名为《河水之源》。

本次调研的一流高校学生样本数量达到近 4000 名，其中白人、黑人、亚裔和拉丁裔学生的数量大致相仿。研究人员会在这些学生入学前对他们进行面对面的采访，接着一直等到他们大三的春季学期，再对他们进行一次电话采访。从这一采访计划来看，研究团队无法对学生们在大一时期所遭遇的刻板印象风险进行评估。不过在他们看来，学生的背景特质可能会影响到他们对于刻板印象风险的易感性，于是，他们转而对学生们的身世背景开展调查。他们会询问学生们：对自己的能力有否怀疑、程度如何？会否担心教授和其他教学人员对自己的能力有所轻视？当然，即使学生在以上方面没有异常，也并不代表他们对刻板印象风险免疫。不过梅西的研究团队发现，受到上述问题困扰的黑人和拉丁裔学生们的确在入学早期遇到了学业问题。其他一些能够产生类似影响的因素包括：学术研究基础的扎实度（以高中成绩作为评估依据）、参加预修课程的数量、家庭的社会和经济地位、对同辈压力的抵御力等。正如梅西的研究团队所指出的："从很大程度上说……（黑人以及拉丁裔学生与其他学生相比）在入学早期时的学业表现差异应当被归因为不同群体的学生对刻板印象风险的易感性，以及入校时对大学学习的准备程度各不相同。"

那么，黑人和拉丁裔学生在校园中实际感受到的刻板印象风险（这是与刻板印象风险"易感性"相对的一个概念）是否会影响到他们的学业表现呢？梅西的研究团队希望在大三春季学期的电话采访中找到这一问题的答案。比如他们会询问学生们，会不会担心教授和其他人戴着有色眼镜看待自己，以及有多担心？结果发现，如果黑人和拉丁裔学生对这个问题越是感到担忧，他们的学期评分就越糟糕。这种情况无论是易感性高还是低的学生都同样会发生。

尽管造成学业欠佳的原因五花八门，不过梅西的研究团队认为，黑人和拉丁裔学生们相比他们的白人和亚裔同学来说会受到更多不利因素的影响。比如他们的原生家庭一般都不太完整；在他们就读期间，原生家庭内部可能会出现更严重的暴力和创伤；他们很可能来自种族隔离区，因此对于一些有助于大学学习的文化和技能知之甚少；他们的学业开销可能在家庭收入中占到更大的比重；他们就读的高中不大可能提供预修课程安排；他们在入学之前建立的朋友圈不大可能把兴趣点放在大学的学业成就上；等等。

上述发现揭示了课堂因素之外的由肤色、阶层和种族特征所带来的不利影响——你也可以称之为身份条件作用——对大学学业造成的危害。正如梅西所指出的，这些学生们正经历着"千难万险"。此外，与其他所有梅隆基金会资助的研究一样，本次研究还发现刻板印象风险会在其他不利因素之外对学业表现施加更进一步的破坏，这是一个悲伤的结论，因为它意味着即使黑人、拉丁裔以及美洲原住民学生们克服了其他学业上的困难，他们还是难以与白人和亚裔学生们达到同一水平线，因为他们还需面对来自刻板印象和身份风险的额外压力。即使是这些群体中最杰出的代表也同样难以幸免。

不过，梅西团队总算找到了一种可以抑制负面效应的办法，就是安排黑人教授授课。在由黑人教授授课（可能同时还有更多数量的黑人和拉丁裔学生在场）的课堂上，黑人和拉丁裔学生们便几乎感受不到刻板印象风险。所以这又是临界数量在起作用么？一切看起来正如泰德对非洲裔美国人政治学课程描述的那样，只要身边坐着的都是黑人同胞，那么黑人学生们便不太会被身份风险所困扰了。

刻板印象的确会对少数群体学生的学业表现产生影响，这是真实发生在大学校园里的现状，也是我们研究的关键问题。我希望在今后的研究中能够发现一些对这些不利影响起到调和作用的因素——或许这种压力只在顶级学府才会表现得如此强烈；或许对于初代移民来说，相关的情况会好很多（因为初代移民一般不会成为刻板印象所针对的目标群体）；又或许在肤色上做做文章可以让情况得以改善。

不过不管怎样，各种研究的结论都明确指出，身份风险是导致少数群体学生在高等教育阶段出现学业欠佳问题的重要原因，有必要加以解决。写到这里，我不禁回想起多年以前，自己在研究生院的学习经历是如何发生改变的。

如沐春风：无心插柳的"临界数量"效应

我攻读博士学位时选择的指导老师名叫托马斯·奥斯特罗姆，他将通过在科研方面的言传身教，帮助我成为一名真正的科学家。汤姆是一位温文尔雅而又性格直率的前辈。当时正值时尚潮流从 20 世纪 60 年代早期的短发风格向时髦长发转变，所以我对他略显稀疏的头发还留着很深的印象。对于我这样一名刚入学的博士研究生来说，汤姆简直就是科学圣堂里的一位庄严的神父。当我前往他办公室请教问题时，他往往会在桌上的显眼位置点起一根又白又粗的蜡烛，然后露出充满期待的笑容。

正如我此前提到过的，在那一时期，我完全处于自我封闭的状态，尤其是在学校里。不过这并不影响我对汤姆的好感。他冷静沉稳、一丝不苟，却又待人友善，特别是他不太和我谈私事，这一点对正处在封闭状态的我来说是非常合适的。他看上去并不怎么介意我的消极状态，可能他对此也无计可施，也可能压根儿就没有留意到吧。总之，他并没有对我表现出太多的关注。每次我们在烛光下会谈时，他的注意力都集中在了课题研究上。虽然远在数年之后他才给予我直接的肯定，但对于我们共同开展的研究工作，他从一开始便表现出了浓厚的兴趣。

我从这一局面中解读到的是：他将我视为一个给力的搭档。作为一名科学家，他为开展科研工作预设了许多前提条件，其中给我也留了一个位置，至于我的具体角色，应该起码是一个具备一定能力和潜质的同事吧。这其中，我的种族和阶级身份看上去并没有让他产生顾虑。话说回来，如果他经常表扬我，反倒会让我产生怀疑——毕竟我当时对于一切风险都极度警觉。不过正是由于我和他之间不温不火的合作关系，才让我产生了信任感。渐渐地，我那种颓废的状态开始改善。甚至有一次当他弹奏五弦琴的时候，我还在一旁调侃了几句，他便借机向我安利蓝草音乐并试图劝我也尝试一下，当然他想必也很清楚，像我这样一个成长于南方城市芝加哥的人，是不大会对源自东部乡村的蓝草音乐感冒的，当然这并不妨碍我们乐在其中，开怀大笑。就这样，我逐渐变得振作起来，并开始像他一样积极投入科研工作。汤姆当然对此表示欢迎，我们共同找到了彼此的契合面。

随着我们的关系越来越融洽，那些一度困扰着我的情境线索——那些关于谁更"聪明"的老生常谈、在科研项目或领域内少数族裔群体的存在感几乎为零、那些在大庭广众下喊我们"尼哥"的教职员、那些暗示着我与这里的主流文化格格不入的证据等，它们都不再像原来那样令我不堪其扰了。我仍然像以前一样对这些东西非常反感，但是它们已经再也无法阻止我融入周边环境了。从科研工作本身的层面来说，我所做出的成绩会让很多人感到"值回票价"，我的导师就是其中之一。

汤姆对刻板印象风险没什么研究，自然也不太了解非洲裔美国人在面对这种风险时的体验。我们之间的融洽关系并不是基于对彼此的感同身受，而是建立在一种直来直去的、温和友善的，同时也是以工作为重的氛围之上。这种氛围的构建可以产生类似临界数量（即既定情境中少数族裔或是女性的数量达到较高水平）的效用 —— 无论是瓦莱丽·珀迪 - 万格斯、玛丽·墨菲、还是我本人都针对这一效用做过相应的研究，而研究的结论则是，这种积极的效用可以扭转其他情境线索所引发的不利影响。

多年以后，有一位名叫杰弗里·科恩的聪明学生仅凭一己之力便设计出一套构思精巧的实验，对托马斯·奥斯特罗姆式的导学方式和策略进行了实证研究（说起来杰弗里在风度上跟汤姆还颇有些神似）。

汤姆·奥斯特罗姆式策略：避免模棱两可的解读

杰夫是一名社会心理学家，他同时致力于心理学理论（对心理学基本原理的理解）和实际应用的研究。举例来说，他在康奈尔大学就读本科时，便参与过一个面向弱势群体的教育项目，他还曾利用一整个学期的海外游学时间前往英格兰苏塞克斯郡研究社会问题和社会政策。这些研究经历使他关注到一个非常现实而又带点戏剧色彩的问题：白人教师应当采取何种方式向黑人学生提出批评性的意见，从而确保该意见易于被对方接受，进而产生激励效果？

可能有些人会立刻问道：难道黑人学生们会不接受批评么？让我们站在黑人学生的角度来看一下这个问题。考虑到刻板印象的存在，作为黑人来说，仅仅一个身份便足以令当事人对如何解读批评意见产生迷惑。所以这种批评究竟是基于科研工作质量本身，还是仅仅出于对黑人群体能力的负面刻板印象呢？这种纠结感便是黑人学生们经常遭遇的身份条件作用。"怎么会仅仅出于刻板印象便提出批评意见呢？"有人可能会对此表示质疑，或者拒绝相信。不过这并不代表我们可以对这种可能性视而不见。而且一旦黑人学生们真的产生了误会，那么他们便完全不会接受相关的建议了。从这个意义上来说，这类心结可能会让黑人学生们与许多宝贵意见擦身而过。所以现在的问题是，面对这种困境，我们应当如何巧妙地提出建设性的意见呢？为了解决这一问题，我和杰夫还有李·罗斯（前文曾提到过他）一起设计了一个实验（在这儿吐槽一下，这个实验可能是我参与过的所有实验中最耗体力的之一）。

我们在斯坦福大学招募白人和黑人学生志愿者，安排他们依次进入实验环境，并请他们为自己最喜爱的老师写一篇文章。我们还向他们宣称，如果文章写得足够出色，甚至可以发表在学校最新一期的教学杂志上。当学生们完成写作后，我们会告知他们两天以后再回来领取关于文章写作质量的评估报告。而在这两天中，杰夫和同事们真的开展了阅卷工作，对文章的语法进行纠正，并为每篇文章都提出了一些批评意见——为了完成这项实验任务，他们不得不挑灯夜战。

我们为此设计了三种不同的意见反馈方式，并在两天后选择其中一种向学生们进行意见反馈。随后,我们会向学生们了解他们对于这些反馈意见的接受程度,以及他们对修改文章的积极性有多高。

实验发现,有两种反馈意见的方式对于黑人学生来说效果不佳。一种是以中立的口吻进行客观阐述,另一种则是在提出意见前先用一些积极的陈述作为开场白。与白人学生不同的是,黑人学生对以上两种表达方式并不买账,而既然他们无法接受,那么便不会对修改文章抱有积极态度。毕竟在他们看来,这两种形式的意见反馈可能就是在传递某些种族偏见。

不过我们发现,有一种反馈方式是对黑人和白人学生都有效的。我将其称为"汤姆·奥斯特罗姆式策略"。具体而言,这种策略是首先让学生们明确,他们的文章接受的是和教学杂志正式发表的文章同样的"高标准严要求"的评价,并且评估人认为他们的文章具备了公开发表的潜质,而评估报告中所指出的批评意见则正是为了帮助学生们真正达到公开发表的严格要求。对于这种形式的反馈,黑人学生变得与白人学生一样乐于接受,而这种心悦诚服的态度会促使他们积极修改自己的文章。对于黑人学生来说,奥斯特罗姆式的反馈不啻于沙漠中的一汪清泉——这种形式的批评对他们来说非常罕见,然而一旦出现,便会充分地唤醒埋藏在他们内心深处的信任感和潜能。

那么,为什么汤姆·奥斯特罗姆式策略如此有效呢?这是因为它改变了学生们对于某些模棱两可的情况的解读方式。由于产生批评意见的原因是基于高标准的采用以及对进一步提高文章质量的期望，因此这种表述会让当事人相信，自己并没有被他人戴着负面刻板印象的有色眼镜看待，于是他们内心压抑已久的激情和动力便自然而然地释放出来了。

这看上去就是汤姆·奥斯特罗姆在和我相处时采取的方式——一方面对我严格要求，另一方面又对我抱有信心。通过这样的方式，他使我从对周围环境的忧心忡忡里解脱了出来。需要指出的是，之所以我会产生之前的忧虑并且期盼着得到"解救"，其根源在于无论是针对我所属群体的刻板印象，还是校园环境中无数的情境线索，都在不断地消解着我对学校的归属感。我不觉得我的这些想法统统来源于身为非洲裔美国人的生活经历给我造成的所谓"心理创伤"。相比之下，我更相信是周围的环境让自己产生了挥之不去的"我不属于这里"的想法，就像泰德在非洲裔美国人政治学课堂上所体验到的感觉一样。不过，我跟泰德的不同之处在于，我的身边有汤姆这样一位通过身体力行帮助我彻底解开心结的贵人。

那么，汤姆·奥斯特罗姆式策略能否推广成为一种改善受偏见群体学业表现的通用方案呢？为了回答这一问题，我们得将这一策略投诸真实环境中，观察其是否足以帮助学生们克服来自校园环境的各种压力以及其他许多复杂因素的不利影响，从而有效改善自身的学业表现。①

心理干预：成长性思维与固定性思维

格雷格·沃尔顿是斯坦福大学的一名心理学教授。2000年时，他在耶鲁大学攻读研究生，师从杰弗里·科恩教授。与杰夫教授一样，格雷格也是一位充满创意和热忱的科学家。他涉猎广泛，其中一大兴趣就是将社会心理学理论运用于现实生活，并试图从中取得一些颠覆性的重大发现。

---

① 写到这里的时候，我似乎已经可以预计到一些强烈的反对声音。我们出于对一些可能发生在当事人身上的风险的担忧而开展这样的探讨是否是一个正确的选择呢？我们的策略建议会不会令当事人在真正遭遇刻板印象的时候更加手足无措？这其实也正是许多少数族裔学生父母所面临的一个两难境遇。如果他们一味向孩子们强调种族歧视的风险，那么这种风险就会令孩子们变得更加警觉和焦虑，从而难以在校园等重要环境中寻得自洽；但如果他们刻意淡化这种风险提示，那么孩子们在面临歧视带来的重压时便可能会毫无招架之力。这两种情况都不是我们愿意看到的，因此想要做出正确的选择非常困难。减少特定情境中显性的风险有可能误导当事人对此投入过度的信任。不过我认为值得冒这个险。因为如果想让自己在学习、成就以及表现方面取得改善，那么就必须建立起对周边环境的信任感，正如汤姆·奥斯特罗姆引导我的那样——这也是本书一再强调的一个核心观点。本书中介绍的相关研究取得的一个重要发现就是，人们为了应对身份风险而付出的成本太过高昂——对于周围环境的警觉、疑神疑鬼、心神不宁等，所有这些都将会把当事人的精力和能动性从正在进行的学习和表现活动中转移出来。因此，虽然我明白偏见可能会令人受到伤害——尤其是在毫无防备的时候，但相比之下，由不信任和不专注而造成的学习低效和成绩低下才是更加严重的风险。从这个意义上来说，"低估身份风险"固然要付出代价，但反其道而行之的代价同样巨大。如果无论怎么选都是错，那么根据我们多年的研究成果，我宁愿选择承担风险来换取更多的信任感，而非警惕感。

那段时间里，杰夫师徒俩合作开展了一项研究：已知校园内的某些情境线索会令当事人产生对风险的高度警觉，假设能够通过某种方式将这种警觉转化为一种期望，从而促使当事人产生归属感和上进心的力量，那么当事人的学业表现会就此得以改善么？于是杰夫师徒设计了一个简单的方式对此加以验证。

假设你是一位黑人学生，正就读于一所竞争激烈的大学。你怀着跟我以前在俄亥俄州求学的早期阶段相似的心态，与周遭环境孤军奋战了整整一个大一学年。你的身边充斥着各种不断削弱你对学校的归属感的情境线索——寥寥无几的黑人和其他少数族裔同学、几乎可以忽略不计的教职员工和管理者、看上去并非适用于全体学生而更像是为少数族裔学生专门开设的种族研究课程、种族沟壑深不见底的社交圈子等。相应地，你的内心独白也在不断地发出警示：这所学校看起来不像是能够让你走向成功走向辉煌的梦想摇篮。

然后有一天，突然有人递给你一份针对高年级学长们在校社交体验的调查报告（实际上这项调查和报告都是虚构出来的），你对这个调查很感兴趣，因为你很想了解那些和你同类但比你大几届的学长们这几年来在学校里都经历了些什么。接下来，在花了不到一个小时进行阅读后，你发现这些学长们在大一的时候也跟你一样感到万分沮丧，甚至开始怀疑人生——在这所学校里无法找到归属感。然而，随着时间的推移，他们开始懂得了如何更好地利用学校的资源和优势，加之一路上又建立起了许多长期的友谊，使得他们渐渐在这所学校找到了归属感和幸福感。这一调查报告字里行间透露出来的信息会让你觉得自己目前在大一阶段所经历的各种挫折更像是为了光明的前途而必须克服的困难。再假设你对这一调查结果进行了更加深入的解读，以至于将你从中领会到的精神实质毫无违和感地套用在了自己的亲身经历上，那么在这种情况下，你此前对于各种风险的高度紧张是否会有所缓解？对学校的归属感是否有所加强？而所有这些是否进而会让你的学术表现有所改善？

上述的这些假想剧情其实就是格雷格和杰夫在美国西北部一所大学里面开展的实验内容。而他们从本次实验中得出了一个激动人心的发现。那些阅读了反映高年级学生生活状况大为改观的调查报告的黑人学生们在接下来的一个学期中所取得的考评等级相比对照组的同学（他们阅读的是一份关于政治态度的调查报告）来说，平均高出了三分之一。

这是一个意义深远的研究发现。试想一下这种对思想观念的直接干预将会产生怎样的长期效果。如果它能够帮助低年级的黑人学生们提高学业成绩，那么这种改善将会进一步提升学生们的归属感，从而对学业成绩产生更大的帮助——如此这般，充满信任感的思想观念推动学业成绩的进步，而学业成绩的进步反过来又推动思想观念的改善。二者形成相互支撑、相互促进的良性循环。关于这一点，我们随后也获得了一些初步证据证明事实的演进与理论推导的情况简直别无二致。

帮助那些受到刻板印象影响的学生们重塑自己对在校体验的解读可能是一种事半功倍的干预策略，并且我们可以通过多种方式实现干预效果。20世纪90年代初，我和同事史蒂夫·斯宾塞、理查德·尼斯贝特、玛丽·胡默尔还有克姆·哈伯在密歇根大学开展了一项研究，进一步丰富了心理干预的方式方法。

我们发起了一个学术项目，以宿舍为单位召集学生们开展一次围炉夜谈，学生们分成若干小组，每组不超过15人，然后开始讨论一些个人话题——与父母和家庭的关系、友情与爱情的困扰、在校学习的感受、参加社团和联谊会的体验等。每个座谈小组里的黑人学生们都只有两到四个人，这与整个学校的生源分布比例是一致的。不过这些黑人学生们却通过参加夜谈活动而获取了最大的收益——相比那些被随机分入对照组的同胞们，参与了夜谈活动的黑人学生们在日后的学业考评中也提升了三分之一的等级，成绩已经直逼同年级的白人学生们了（顺便一提，有否参与夜谈活动对于白人学生的成绩未见明显影响）。

达到这一成效的原因何在呢？很显然，围炉夜话活动可以向黑人学生们释放一些信息，从而帮助他们对自己的在校经历进行更加准确和可信的解读。在基于种族身份划分的校园朋友圈里，私人话题的讨论一般只会出现在白人与白人或者黑人与黑人之间，因此黑人学生不大可能了解到其实白人学生们也跟他们有着类似的各种困惑。这种信息闭塞，加之他们普遍从种族角度出发对各种情境线索所持的警惕态度，很容易令他们将种族因素视为导致自己目前处境的决定因素——如此一来他们在种族方面的警惕感就愈发严重。而我们组织的夜谈活动则对这种不利情况进行了纠正。夜谈活动所释放的信息是，大学生活中的一些压力——学业成绩低于预期、尝试与助教或同学沟通却没有得到回应、与某些同学的关系不够友好、时常陷入个人财务危机等，其实是每个人都可能遇到的问题，而非某些种族的"专利"。这一事实会让黑人学生们的思想观念发生改变，它会帮助黑人学生们摒弃以种族身份为核心的思考方式，并提升对于高校环境的信任感。当参与过夜谈活动的黑人学生们不再需要为了保持警觉而耗费大量精力时，他们便可以将更多的智力资源投入学术工作中，于是他们学业成绩的提高也就水到渠成了。

若干年前，学者约书亚·阿伦森、嘉莉·弗里德和凯瑟琳·古德也开展了一项精妙的研究，从另一个角度展示了如何通过对思想观念的改造来帮助受到刻板印象影响的学生们改善学业成绩。他们试图以一种隐晦的方式向斯坦福大学的白人和黑人学生们传递有关智力增长的理念，并藉此降低刻板印象风险。他们的这一想法乃是受斯坦福大学心理学家卡罗尔·德韦克的启发。卡罗尔·德韦克和学生们开展了一项研究，旨在了解个人的基本素养将如何影响当事人在学习、工作和体育运动中遭遇挑战时的应对能力。这项研究特别关注到了两大理论：一是"成长思维论"，即应对挑战的能力是可以通过学习来掌握和增长的；另一个是"固化思维论"，即个人的能力是一成不变的，它会对个人活动产生制约，且无法取得实质性的增长——这其实就是许多人对于智力所抱有的"有就有，没有就没有"的宿命论态度。以下是卡罗尔对自己六年级时班级情况的描述：

> 我的老师好像是在根据我们的智商给我们划分为三六九等。包括我们的座位顺序都是按照智商排列的。如果智商不够高的话，连洗黑板擦、举旗子、给校长递条子之类的活儿都没资格参与。不光智商不高的同学们感觉很糟，连高智商的同学也提心吊胆，生怕哪天再来一次智商测试的话他们就地位难保。这样一种氛围可根本培养不出……敢于迎接挑战的精神。

当某种针对你所在群体智力水平的刻板印象出现时，它意味着你作为其中的一员，其实就跟卡罗尔六年级时班上那些智商不高的同学没有区别——你们都缺乏一种至关重要的却又无法改善的能力。这种思想观念会让每一次挫折都被解读为你本来就不是这块料，也不该来这儿。于是，当你面临各种学术挑战时，你会害怕自己的表现验证了刻板印象对你所做的"能力有限"的判断，这确实令人灰心丧气。

基于上述背景，约书亚、嘉莉和凯瑟琳所关心的是，能不能通过向当事人传递一种"智力可以被提升"的观念降低刻板印象风险的影响？在这种观念下，学业上的挫折将会被视作一种可以解决的问题，而非超出当事人能力范围的不可能任务，因此当事人害怕坐实刻板印象的心情有望得到缓解。

他们设计了一套巧妙的方案开展研究：他们邀请斯坦福大学的白人和黑人学生们给一所假想的、位于加利福尼亚州东帕洛阿尔托市的少数族裔小学里的学生们写信，主要内容是宣传"人类智力的可提升性"这一理念。在此之前，这些大学生们都会获得一些相关的证明材料，比如学习的本质、大脑在学习和总结经验的过程中发生的变化，以及在锤炼智力技能方面取得了长足进步的代表人物案例等。同时，书写信件的过程其实也是让这些大学生们进一步消化这一理念的过程。对于没有受到刻板印象影响的白人学生来说，写信活动并没有对他们日后的学习成绩起到什么作用。不过对于一直以来在能力方面饱受刻板印象影响的黑人学生来说，这种思想观念上的改变使得他们在下一个学期的学业考评中提升了三分之一的等级。

对于身处刻板印象风险中的人们来说，有时候你可以向他们传递一些信息，帮助他们对周围环境进行更加准确和充满信心的解读。正如上述有趣的研究所揭示的一样，如果在真实的校园环境中有效地实施了这一做法，那么当事人学业成绩便会得到相应的改善，而这很可能会成为那些学生们人生轨迹的一个转折点。

风险一视同仁：刻板印象对儿童的影响

前述研究仍然局限在一流大学中的优秀学生范围内。那么减轻身份风险效应能否对 K-12 学校中受到负面刻板印象影响的学生的学业表现起到改善作用呢？对于这个问题，我们恰好也找到了一些答案。

不过首先我们要澄清一个基本问题：学龄儿童的心智是否已经成熟到可以感知刻板印象风险？他们能够理解自己之所以会受到负面刻板印象的针对，是源于自己的女生身份或者黑人身份么？

实际上，我已经为这个问题准备好了一些证明材料。我首先想到的是心理学家娜里妮·安贝迪曾经在波士顿地区开展了一项关于刻板印象风险影响年轻亚裔女性数学成绩的研究。这次研究中最年轻的实验组成员只有 5 到 7 岁。娜里妮对所有的实验对象开展了与其年龄相符的数学测试。其中有一部分实验对象还会在测试前接受一次性别意识的强化，具体方法是向这部分实验对象出示一幅画有一个抱着洋娃娃的、与实验对象年龄相仿的女孩的图片，并让实验对象为这幅图片着色。随后的实验证明，在 5 到 7 岁年龄组中，测试之前为这幅女孩画像上过色的实验对象们的成绩显著低于对照组的同龄小伙伴们（她们在测试前也参加了涂色活动，但出示给她们的图片有的画的是风景，有的画的是一个用筷子吃饭的亚裔儿童）。所以结论很明显了。即使是 5 到 7 岁这么小的孩子，也会在为一幅女孩画像涂色的过程中遭受到情境线索的影响，从而使得自己的数学测试成绩出现大幅滑落。看起来，这些小姑娘们对于针对女性数学能力的刻板印象简直就是洞若观火。

其次，两位意大利学者芭芭拉·穆扎蒂和弗兰卡·阿格诺利发现了另一种同样不起眼的情境线索（在课堂上随口提及男性在高等数学领域的主导地位）便足以令一群10岁左右的小女孩的数学成绩受到不利影响。最后，学者约翰内斯·凯勒和同事们的研究发现，刻板印象风险对德国六年级女生的数学表现产生了抑制作用。

上述各种证据显示，少年儿童们的心智已经发展到了足以感知刻板印象风险的水平，至少在五六岁大的时候便可以了。与其对成人产生的影响一致，刻板印象风险会在相关领域内对目标儿童的表现产生不利影响。刻板印象风险的这一能力意味着它是一种终身有效且效力持续累积的风险。举例来说，它会使得女生们在还没开始对数学作深入了解之前便早早丧失了对这门学科的兴趣。至于刻板印象风险的影响力，或者说它所造成的压力能够大到何种程度，则取决于既定情境中能够令当事人对刻板印象产生警觉的情境线索的分布密度。这一原理对成人和儿童都是适用的。①

---

① 学生能够感受到的身份风险的严重程度取决于校园环境中提示风险的情境线索密度。这一观点带给我们一些有趣的启示。它暗示了，在学生身份单一而封闭的校园中，身份风险会比较小，因为这种学校里大多数学生都具有同样的身份特质，刻板印象风险便会因对象数量众多而被稀释——比如女子学校或课堂中，针对数学能力的刻板印象风险会被稀释；再比如低收入阶层或少数族裔学生占绝对主流的学校中，针对阶级或种族的刻板印象风险也会被稀释。这种情况可以令学生们在面临刻板印象风险时感到更加心安。当然，人多势众并不

不仅如此，我们还有一种更强力的方法来对身份风险在K-12学生的测试成绩出现种族、性别和阶级差异的过程中所发挥的作用进行验证——我们曾在对高等教育领域的研究中采用的所谓"干预研究"的方法。具体而言，就是在真实的校园环境中，对受到刻板印象影响的学生们进行某种方式的干预，以期能够降低相应的身份风险。如果这种干预手段进展顺利，且已重复实施多次，但却毫无所获，那么就说明身份风险并不是既定情境下导致学习成绩差异的重要因素。而反过来，如果可以通过干预的手段缩小成绩差距，那么便可以证明身份风险就是既定情境下导致成绩差异的关键因素，并且还一并找到了能够缩小成绩差距的方法。事实上，前文中提到过的许多学者——包括杰弗里·科恩、约书亚·阿伦森、凯瑟琳·古德和卡罗尔·德韦克等，以及我接下来介绍的这位胡里奥·加西亚，他们在K-12领域内将上述策略付诸实践。在我看来这是科研史上一次了不起的开拓之举，一次充分彰显科学的优雅与厚重的干预研究。

是万无一失的保险箱，各种其他的情境线索——墙壁上的图画、课程列表中身份关键词出现的频率、来自老师的期待和支持，等等——仍然可能引发身份风险，即使是在上述"身份隔离"的校园或课堂中。同时我也并不提倡身份单一制。这种安排有其缺陷，比如在这种环境下表现良好的学生们可能会在将来遇到身份融合环境的时候产生不适。而我们开展研究的核心目的也在于让所有学生们在身份融合的环境中建立起身份安全感。不过考虑到没有任何一种策略可以放之四海皆准，在某些特殊情境下我们仍然需要特别的对策，因此我还是有必要强调一下，身份风险在身份单一的环境中效力会大减。

自我肯定：如何提升对负面刻板印象的"抗性"

杰弗里·科恩和胡里奥·加西亚两人曾是斯坦福大学社会心理学专业的研究生同学。他们相识的那年正好也是我在斯坦福大学工作的第一年。前文已经对杰夫有所提及，下面简要介绍一下胡里奥。胡里奥是一位墨西哥裔美国人，出生于加利福尼亚州萨克拉门托市的一个中产阶级家庭。他们家在墨西哥还拥有一片牛油果园。胡里奥对自己所拥有的美国人和墨西哥人的双重身份非常满意，同时作为一名心理学家，他对于有关人类本性的研究非常痴迷。从斯坦福大学毕业后，杰夫和胡里奥在各自的职业生涯中也发展得风生水起。后来他俩再次聚首打算大干一场，几经探讨后，决定开展一项针对 K-12 学生的干预研究。这一设想让他们感到既激动又紧张。

他们二人的这一设想是建立在"自我肯定"的理论基础上的。前文曾提到过，"自我肯定"理论是我和较早届别的研究生在 20 世纪 80 年代建立起的一套理论。它假设人们有一项基本动机，即对自己的素质和能力持肯定态度，一言以蔽之，就是认为自己"品学兼优"。而当这种认知因某种事件、某条外界评价，或是自身某些有失水准的表现而受到挑战时，人们还是会努力为自己的完美人设打圆场。如果亡羊补牢失败或是木已成舟难以挽回，那么人们便会对自己的所做所为或相关的事件进行合理化的辩解，以便继续维护"品学兼优"的自身形象。

让我通过一个很有说服力的案例展示"自我肯定"的作用机制。比如你可以向某人指出，他在某个重要事项上的表现与他的人设不符——如此便制造出一次对当事人自身形象的挑战，接着你便可以主动给他提供一个转圜的余地。他冷静下来后，便会立刻对自身形象进行合理化修复——比如他可能会重构一个更加宏大和高贵的人设。如此一来，此前的那些对其个人形象的有力挑战便显得格局太小且难以验证，而他也就没必要再去斤斤计较了。在上述案例中，当事人进行自我"转圜"的过程便被称作"自我肯定"。

按照杰夫和胡里奥的理论，身份风险实际上就类似于一种对个人形象的挑战，对于学生们来说，就是在挑战他们"品学兼优"的自我人设。而课堂上的一些情境线索——身为不受重视的少数族裔群体中的一员、在参加班级的重要活动时总是受到刻板印象的干扰、被小团体盛行的社交圈边缘化等情况——都会对当事人的自我人格产生挑战。这就是对身份风险在真实课堂环境中发挥效用的理论推导，而这一效用将会对当事人对自身能力以及归属感的认知产生持续性的破坏。

据此，杰夫和胡里奥的设想是：对于那些在能力方面受到刻板印象影响的学生们，如果能够帮助他们建立起一套"自我肯定"的理念，那么能否减轻他们在课堂上的身份风险呢？如果身份风险降低了，能否进而改善他们的学习表现呢？杰夫和胡里奥对于这一设想充满热情，从理论上来说这是可行的，如果再得到实践的进一步验证，那么它将拥有广阔的应用前景，有可能成为应对少数族裔群体学业问题的一种用途广、成本低的解决方案。

不过这一方案真的有效么？这种短期的干预真的可以对少数族裔群体学业欠佳这种根深蒂固的问题起到作用吗？这可真是对传统理论的一大挑战啊。正如我此前强调的，造成少数族裔群体学业问题的原因是多方面的，从社会经济状况的落后和家庭缺位，到无法给予足够支持的亚文化等。与此同时，大量致力于缩小学业差距的教育改革都无疾而终，或是即使取得了些微进展却难以为继。在这种情况下，仅凭一种简单的"自我肯定"便可以打破这个僵局么？其实连杰夫和胡里奥自己心里都没底。

不过即使心存焦虑，他们仍然没有放弃尝试。这回他们又得到了瓦莱丽·珀迪－万格斯以及两位学生南希·阿普费尔和艾莉森·马斯特的鼎力相助。他们选择了康涅狄格州哈特福特市附近几所种族融合学校的七年级学生们来验证这一设想。他们请老师们在新学年开始前夕，给自己班上的每位学生发放一个写有学生自己姓名的信封，信封里面放有一张任务提示。经随机分配，其中一半的学生获得的提示是让他们写出两到三个自己最为看重的事物（比如家庭关系、友谊、对音乐的擅长、宗教信仰等），并且用一小段文字说明理由——这实际上就是让学生们对这些事物的重要性形成自己的理念，而这整个过程只需要一刻钟左右的时间。当任务完成后，学生们便将材料放回信封，交还给老师。等到开学后，再对他们开展几次类似的练习活动。这就是实验的全部内容。

而另一半的学生则被自动编入对照组,他们也会接受类似的任务,只不过他们得到的提示是,写出他们觉得最无关紧要的事物,同时还要说明这些事物对于其他人可能存在怎样的价值。对于这些学生来说,他们也可以通过这次机会考虑一下价值问题,不过并不会将这些事物与自己内心的理念进行结合。所以,这种简单的"自我肯定"的练习是否会对当事人的在校表现产生影响呢?

实验结论是肯定的,而且效果相当惊人。这种"自我肯定"的练习除了对成绩最好的黑人学生作用不大以外,几乎帮助到所有的孩子在开学的三周之内提升了成绩,并且之前越是成绩差的学生,提升的幅度越大。不管是在开展"自我肯定"练习的课堂,还是在其他课堂上,学生们的表现都更加出色了。此外,其他的一些评估还发现"自我肯定"练习甚至还让学生们对于刻板印象的在意程度明显降低了。而另一方面,来自对照组(没有进行"自我肯定"练习)的实验结果则对"自我肯定"的作用进行了反面佐证。对照组的学生们在此后整个学期的成绩都呈现下滑趋势,学业表现的差距愈发扩大了。换句话说,"自我肯定"练习帮助黑人学生们阻止或者延缓了成绩下滑的趋势,而这种趋势原本是无可避免的。从效果上来说,这一方法缩小了黑人学生与白人学生之间的学业差距,幅度高达40%。而同样令人吃惊的是,后续的跟踪调查发现,这种高亢的学习状态以及与白人学生之间不断缩小差距的趋势能够维持至少两年的时间。

（需要说明的是，在这项研究中，"自我肯定"练习对于白人学生的作用不大。研究人员对此的解释是："我们预期这种干预手段能够对所有受到特定风险影响的个体发挥作用，不过这种风险必须足够普遍和强烈，以至于能够影响到整个群体的平均表现。"那么根据这一说法，白人群体在课堂中并没有受到基于种族身份的风险的影响。能够影响到他们的"普遍而强烈"的风险也许会出现在黑人选手林立的篮球精英训练营中，但不会在白人占据多数的普通课堂上。因此，"自我肯定"的强大效力对于白人群体的平均表现倒是没有太大作用。）

不少人对这一研究结果表示惊讶，甚至怀疑。是的，他们或许会说，花一刻钟的时间对自己看重的事物进行文字描述也许是个不错的主意，不过这种做法怎么可能改善少数族裔学生的学习成绩呢？毕竟学者们已经尝试过诸多更加强力的措施，却都以失败告终了。而且这种效力怎么可能持续长达两年之久呢？

总之，这些研究成果引发了怀疑论者的狂欢。而对于这项研究的从事者来说，唯一的反击方式就是证明实验结果的可重复验证性。于是杰夫、胡里奥、瓦莱丽和他们的学生在科罗拉多州博尔德市附近的学校里，对拉丁裔美国人也进行了一次同样的研究。然而，这次实验的重演反而引发了关于这种干预作用机制的更多的质疑。

为了回应这些质疑，研究人员给出了两方面的解释。一方面是关于"自我肯定"的作用。写作练习可以让学生们对于自己的能力和价值产生更加强烈的感受，从而使得之前成绩不佳的状态以及其他在课堂环境中出现的与身份风险相关的各种情境线索相比之下显得没有那么重要了。这就能够缓解学生们的警惕情绪，从而释放出更多心智资源改善学习表现。

另一方面的解释则是，在学习成绩上取得的改善会遏制原本可能出现的恶性循环——对照组中黑人学生们的表现便是对这一恶性循环的生动演绎。如果没有"自我肯定"的干预，那么在开学初期遇到的学业挫折以及各种风险性的情境线索都会加剧学生们的焦虑，焦虑造成成绩下滑，成绩下滑又进一步加剧焦虑，最终导致一场全面崩溃。以下引用的是研究人员的原话：

> 受到刻板印象影响的非洲裔美国人在面对早期的学业挫折时心理承受能力较差（这里我想补充一句，他们对于其他可能引发身份风险的情境线索的心理防范同样脆弱）。对于他们来说，想要在求学之路上取得成功必须仰仗他们的自身能力，但过早地遭遇挫折就等于坐实了刻板印象对其自身能力的负面评价，最终形成一股难以破除而又无处不在的阻碍力量。在这个时候进行"自我肯定"的干预，有助于当事人重拾自尊、保持自信，从而及时截断"早期挫折引发后续成绩和心态双双下滑"这一恶性循环的形成路径。

在此我想要指出的是，对于某个问题的理解，总是会随着后续研究的深入而不断发生演化的。这个道理同样适用于针对"自我肯定"这一课题的相关研究。不久之后，社会心理学家们便在"自我肯定"效应的基础上提出了一个所谓"调和因素"的概念，同时指出"自我肯定"对于少数族裔学生成绩的积极效应必须通过"调和因素"才能产生作用。举例来说，"自我肯定"可以在具有优质教学资源的优秀学校里帮助学生们提升成绩，不过对教学质量不佳的学校便难以奏效。研究人员强调，这种干预措施必须在优质教学资源的配合下才能发挥效用。他们指出，降低身份风险可以拓宽黑人学生们获取更多教学资源的渠道。但是如果学校的教学资源质量本来就很一般，那么"自我肯定"的干预效果便微乎其微了。另一种情况是，"自我肯定"也许只能帮助到种族融合学校等身份风险的重灾区，但对诸如女子学校或者少数族裔和低收入阶层专门学校等生源构成单一、身份风险不明显的学校，所能发挥的作用就很有限。因为这类学校中的学生们在身份特质方面的情况比较雷同，所以作为个体学生来说，遭到刻板印象风险特别"照顾"的可能性要小很多（关于这一点，前文在脚注中也作了相关说明）。

综上所述，目前的研究发现揭示了一个重要观点：心理干预措施能够帮助少数族裔学生提升对负面刻板印象的"抗性"，从而使得当事人的学业表现得到长期的、显著的改善。总的来说，身份风险并不是一种只会在考试中出现的暂时性风险，它是一种隐性风险，日常生活中的任何挫折或是情境线索都可能激活它的效力，而且随着时间的推移，它的破坏性也会不断加强。回顾实验过程，对照组中黑人学生们的表现充分展示了这种社会心理方面产生的压力对于现实生活的影响是多么深刻。而对于和实验所涉及学校情况类似的种族融合学校来说，身份风险的隐性作用可能正是造成不同族群间学业差异的一大重要因素。所以如果想要解决学业差异问题，则必然要先消除身份风险。

如果你对杰夫、胡里奥、瓦莱丽和其他同事们所做的干预研究的结论表示认可，即认为降低身份风险是帮助受负面刻板印象影响的学生们改善学业表现的一种长效措施，那么你可能会想要继续了解还可以通过哪些可行的方式实现这一效果。

事实上，的确还有一些其他的办法。

凯瑟琳·古德和约书亚·阿伦森曾对卡罗尔·德韦克所采取的指导策略——帮助当事人形成关于"能力可提升性"的思想观念的实际效果进行了验证，观察这一做法是否能够通过降低校园环境中的刻板印象风险帮助受影响的学生们提高考试分数以及总评成绩。研究人员在得克萨斯州乡村地区的一所初中的初一年级里随机选取了一些低收入阶层和少数族裔群体的学生样本，并为每个学生指定了一位大学生辅导员。这些辅导员会在长达一年的时间里对他们进行学术辅导，包括两次面对面的辅导和定期通过电子邮件进行交流。对于其中一组学员，辅导员会向他们灌输关于智力的可提升性的思想——定期为他们讲解在学习新事物的过程中大脑会如何构建新的神经联结,让他们通过一个专门的网页了解人们在尝试破解难题的时候,大脑树突也会随之生长等。而另一组学员也会接受类似形式的辅导,不过他们关注的主题是防止药物滥用,而非智力的可提升性。

那么问题就是,哪一组学员会给出更佳的学业表现呢?

在结束了一学年的辅导后,研究人员会让学生们接受一次得克萨斯州学业技能评估(TAAS)。评估结果显示,接受过"智力可提升性"辅导的男女学生们在阅读部分取得的成绩明显优于另一组接受"防止药物滥用"辅导的学生。不过,"智力可提升性"的辅导所产生的最大的效果体现在女生在 TAAS 数学测试部分的成绩上 —— 而通常来说,女生在进行这一部分的测试时所受到刻板印象风险的影响是最严重的。评估结果显示,在接受"防止药物滥用"辅导的一组中,女生的 TAAS 数学测试成绩明显低于男生 —— 不同性别间数学成绩的差异再度重演。但是,在接受"智力可提升性"辅导的一组中,女生的数学测试成绩和男生不相上下 —— 在数学成绩方面屡见不鲜的性别差异竟然彻底消失了。

"身份安全感":春风化雨的独特教学法

通过上述研究可以看出,无论是"自我肯定"还是能力"成长思维论"等类似理念都可以帮助受到刻板印象影响的 K-12 学生们重构自己的思想观念，从而有效削弱情境线索所释放的风险——正如我当初在俄亥俄州的求学经历一样。有些人——包括我的妻子多萝西·斯蒂尔博士在内，可能会问道：还有没有其他办法实现上述效果呢？比如，能不能通过观察一些特别善于和受刻板印象影响的学生们相处的教师的言谈举止获得一些启发呢？会不会这类教师的某些做法能够营造出"身份安全感"，从而有助于改善学习成绩呢？最后，我的妻子说动了许多人帮助她开展一项相关问题的研究，这些参与者包括：社会心理学领域的领军人物、现代文化心理学的奠基人黑兹尔·马库斯，此前提到过的保罗·戴维斯，从埃默里大学前来斯坦福大学访问的学者、德高望重的教育社会学家阿曼达·刘易斯，顶级的研究管理者弗朗西斯·格林，以及我本人。这项研究是在加利福尼亚州里士满市的一所小学进行的。这里绝大多数的学生都在某些能力方面受到了负面刻板印象的影响，而从种族分布上来看，拉丁裔占33%，非洲裔32%，白人17%，亚裔12%，其他族裔6%。同时大部分的学生都来自低收入家庭。

研究的内容很简单：我们对教师们在课堂上的行为以及他们所营造的课堂文化细节进行尽可能细致的观察和评估，并继续跟进哪些行为和细节可以增强学生们的身份安全感，从而在学年末的标准化测试中取得更好的成绩。

本次研究安排了若干训练有素的观察员，在未被刻意引导去关注身份安全感的情况下，对里士满地区13所小学三到五年级的 84 个班级中的代课教师进行了观察。在一年的研究周期里，观察员会对每位老师进行共计三次观察，并根据多种指标开展评价，比如"与学生相处的融洽程度""围绕学生制定的教学措施""对学习的高标准严要求""对于基础能力的强调程度""教学技能"以及"教师的管控力"等 19 项指标。

于是，我们渐渐归纳出一整套有助于提升身份安全感和提高期末考试成绩的教学方式和课堂氛围细节。此外我们还发现，这一整套教学方案对五年级学生的效果比对三年级学生的更加明显。不过不管对于哪个年级，其中的一些核心要义都是相通的，比如与学生积极相处、以学生为中心的教学方式、善于将种族多样性作为一种课堂资源加以挖掘和利用而非死板地执行一视同仁。通过上传下达的方式传授学生基础能力的办法在这些学校里的效果并不理想。用多萝西的话来说，能够有效增强身份安全感的措施应当"尽量消除那些可能将针对学生的刻板印象风险具象化的情境线索，旨在令课堂上的每个人——无论种族或性别如何，都能实现……自身的价值和贡献"。

策略集合：降低风险与获取知识齐头并进

到目前为止，越来越多的研究表明，降低身份风险或者它所造成的影响，能够有效帮助那些在能力方面受到刻板印象风险影响的学生们改善学业表现。这一结论无论对 K-12 学校的学生还是高校的大学生都同样适用。这种改善非常可观、可靠而又可持续，同时这种干预手段本身的成本和操作难度也都不高，所有手段背后一以贯之的原则就是：塑造一种能够缓解身份风险的观念，从而在校园环境中提升当事人对于刻板印象的抗性。虽然我们并没有找到一种放之四海皆准的独立方案，但是通过此前的研究我们可以总结出一整套相关策略的集合，包括：通过严管加厚爱的方式增强信任感、培养对于归属感的积极信念、通过组织跨群组的沟通交流让学生明白不能将他们在校园生活中的所有不如意都归咎于自己的身份、对于关键知识和能力的教学方式要让学生易于吸收理解、采取以学生为中心的教学手段，等等。随着时间的推移，这套策略集合可能会不断扩充，不过即使在眼下，我们所掌握的各种手段已经可以为那些一直苦于在许多领域和场合下被身份风险所影响的当事人提供一些足以改变命运的机会。

说到这儿，可能会有人问，学校有时候会招收一些非常具有学术潜力但是教育背景却不如他人的学生，对于这些在知识技能方面基础相对薄弱的学生来说，降低身份风险又能否起到改善作用么？

这个问题的答案是否定的。仅仅降低身份风险并不足以缩短学习知识技能方面的实质差距。要达到这个目的，学生们还是需要继续强化他们的知识技能，他们需要得到更好的指导和关键的学习材料，以及足够的时间。不过这并不能否认降低身份风险的重要性，事实上对于在能力方面受到刻板印象影响的学生来说，降低身份风险是与传授知识技能同样重要的。它不一定是充分条件，但却一定是必要条件。这即是说，如果不将身份风险控制在足够低的水平，那么无论教学量有多大、教学质量有多高，当事人的精力还是会被优先分配到应付身份风险上，因此学业方面的差距仍然难以扭转。换句话说，无论是提供指导机会还是降低身份风险都不能独立对学业表现起到改善作用，尤其是对受到刻板印象风险影响的学生来说，必须两者兼备才可以。

综上所述，一系列的干预研究揭示了一些深刻的道理。尽管群体性的学业问题可能植根于一些难以改变的背景因素中，比如社会经济地位的落后、优质教育资源的稀缺、家庭支持力度的不足、能够获取关键性技能和文化资源的社交机会偏少、社会化的性别分工观念根深蒂固等，但是如果能够对造成学业问题的一些直接因素进行修复，那么还是可以取得一些立竿见影的改善效果的。举个更直观的例子，心脏病的发病也是源于一些难以扭转的背景因素 —— 家族遗传史、长期的饮食和生活习惯、吸烟、生活压力等。即便如此，我们还是可以通过药物或手术等手段大幅降低心脏病的发病率。这些手段并不能对抗致病的背景因素，但是它们可以对发病的直接原因 —— 冠状动脉阻塞进行干预。我在俄亥俄州求学早期时所遭遇的各种挫折也是来源于各种各样根深蒂固的因素 —— 我的种族和社会背景、没有达到临界数量的少数族裔同学等，你不可能改变这些因素，至少改变起来难度很大，所以看起来似乎我已经无路可退了，根本不可能想象得出一位导师，而且是一位白人导师的出现，帮助我建立起了信任关系，从而改变了一切。虽然可能引发问题的根源并没有解决，但至少问题本身被成功压制了。①

---

① 这些研究发现证实，虽然舆论总是质疑学校在缩小群体间学业差异方面作用有限，但实际上学校能够带来的改变相当巨大。然而这种观点并没有得到普遍认可。正如詹姆斯·赫克曼和他的研究同伴们最新指出的，"科尔曼的研究报告以及最近的一些研究……显示，导致不同学生间学业差异的主要根源在于家庭而非学校。在三年级以前，不同社会经济阶层的学生们之间的成绩差距随着年龄的增长一直保持稳定水平，这说明在学生之间的差距在入学以前就已经形成了，后天的学校教育以及教学质量的差异对于缩小或是扩大这种差距基本不起作用"。当然，可能他们才是对的。

不过也可能以上这些并不是事实的全部。赫克曼所持观点背后的论证固然有其合理性，但是他们分析教学质量时选取的参数是诸如单位学生教育经费、教室面积、教师学力等常用指标，然后再验证学生们在社会阶层和种族方面的差距会否通过影响这些指标——比如中产阶级家庭的学生们可能会被安排去小班学习等——最终导致不同阶层和种族的学生们在学校表现和考试分数方面产生差异。而当他们发现这些指标没有变化时——比如发现即使安排黑人学生参加小班课，给他们配备更好的老师和更多的经费，不同种族间的成绩差距依然存在，他们便会仓促总结道，教学质量差距并不是造成不同种族间学习成绩差距的原因，一定还有其他因素在作祟。同时，既然这些差距早在学生们入校以前，也即学校教育对学生们的影响尚未生效以前便已经存在，那么它们一定是来自孩子们成长过程中的族群间差距。这就是他们如何得出"相比学校的教育质量，家庭因素才是导致学业差距的更重要原因"这一结论的。

这个推理过程看起来也很合理，不过问题就在于：有没有可能学校教育在某些方面的确对学业差距起到了推波助澜的作用，而这些方面恰恰是相关研究者的盲点，以至于并没有被纳入评测范围呢？如果研究者们并没有评测这些可能与学业差距有所关联的因素，而仅仅涵盖了一些无关的指标，那么随后做出的一系列推理便会指向一个错误的结论，即学校的教育质量与学业差距不相干。但实际上他们的研究只能证明他们为评测教育质量而选取的那几个指标不相干而已。换句话说，也许教育质量体系中的其他某个维度就恰好相干，而且很可能还干系重大。

另一方面，通过一些干预研究可以看出，上述所谓的其他某个维度可以包括学校氛围、教学模式，或是能够促进信任的人际关系等。研究指出，一旦那些被刻板印象影响的学生们所承受的风险有所缓解，那么他们的成绩便会有所提基于上述期待，本章里介绍的各项研究工作还提供了两种能够降低身份风险的策略。第一种是，在充分认识到身份风险可能来源于某些容易引致身份情境作用的情境线索后，那么我们便可以尽量消除那些真实的情境变量或是对这些变量起到提示作用的情境线索。这就要求我们对于特定情境中可能存在的一些风险性的细节予以高度关注，从而避免它们对某些群体产生不利影响。举例来说，对于我之前走访的那家硅谷创业公司来说，如果可以为公司里为数不多的四十岁以上的员工着想，那么在播放背景音乐的时候就不要总是选择二十多岁的年轻人偏爱的"独立摇滚"以及嘻哈乐。而为了照顾少数族裔大学生，在设置大学核心课程（也即对学生具有基础性价值的课程）时可以考虑加入一些有关美国社会种族融合进程的深度回顾与展望等。

关于第二种策略，各种干预研究显示，只要针对身份相关的情境线索以及条件作用进行改变的措施能够帮助到既定情境下的当事人建立起身份安全感，那么这些措施就是非常有益的，至少从学术的角度上来看的确如此。各种相关的研究也展示出了一些颇具启发性的措施，希望这些措施能够充分发挥其参考价值。

升，这一提升进而能够促成一种良性循环，即取得良好表现——更加从容应对后续出现的身份风险——继续保持良好表现，直至不同群体间的学业差异被不断缩小。这就是为什么我们将其视为教育质量的一大维度。能够不断地从高质量的教育和教学资源中汲取营养，对于那些受到刻板印象影响的学生们来说非常有必要。

两套剧本：被低估的潜力

许多干预研究都对降低刻板印象风险或对该风险的主观臆想是否能够改善真实的学习成绩进行了验证。而随着类似研究的不断累积，格雷格·沃尔顿和史蒂夫·斯宾塞发现，可以通过这些研究验证另外两个问题：一是刻板印象风险是否确实是导致相关当事人学业欠佳的重要原因[①]；二是用于评估学术潜力的传统手段（例如 SAT）是否会（至少在某些场合下）低估被刻板印象风险影响的学生的潜力。指出这两个问题后，本书中介绍的一系列研究工作便形成了一个完整的闭环——试图解开少数族裔学生的学业问题之谜，不正是这场漫长的研究之旅的初衷么？在格雷格和史蒂夫看来，在"身份风险对入学前的学术潜力评估测试以及入学后的真实学业表现的影响"这一问题上存在着两套不同的"剧本"，而所有对前文提及的两个问题的研究都可以归结在两套"剧本"之间进行选择。

两套"剧本"中的基本事件是一致的：假设你是一位黑人高中生，正在申请高校。你参加了 SAT 考试，成绩虽然没有预期的理想，倒也还算凑合，加上你还具备了其他的一些优点，因此最终还是被一所不错的大学录取了。然而进入大学后，你的成绩还是不够理想，没有达到 SAT 分数对你大学学习表现的预期

---

① 需要重申的是，学业欠佳体现的是一种群体间差异，导致该问题的原因并不在于不同群体间的知识和技能差异，而是由于一些隐晦难解的原因。

水平，具体而言就是你的大学成绩低于和你入校时 SAT 分数相同的其他同学，换句话说你的大学成绩欠佳。以上就是两套"剧本"的相同之处，而不同之处则在于，对于造成以上现象的原因，两套"剧本"出现了两种完全不同的解释。

在"剧本一"中，无论是你入学前的评估测试还是入学后的学习成绩都没有受到刻板印象风险的影响。入学前评估测试的分数（或等级）能够真实反映不同种族身份的候选人的学术潜力，而个人或群体在测试分数上的差异则被认为反映了个人或群体在潜在的学术知识和技能方面的差异。同时，如果某个群体在大学中出现成绩欠佳的情况，那么也会被归因为该群体成员"缺乏学习积极性"等。

而在"剧本二"中，无论你的入学前评估还是入学后成绩都受到了刻板印象风险的抑制。所以入学前的测试成绩低估了你的学术潜力，倒不一定是由于测试内容方面存在某种不公，也可能是由于在测试过程中遭受了刻板印象风险引起的压力干扰。在这套"剧本"中，当你进入大学后，校园环境中日益严峻的身份风险会导致你的学业表现进一步下滑。虽然入学测试分数已经低估了你的学术潜力，但你在大学的实际成绩却连这种低估了的预期都达不到。

所以，这两套"剧本"哪一个才是正确的呢？

对于"剧本一"来说，有一个非常有利的事实就是，黑人学生们的确出现了学业表现欠佳的问题。如果说由于刻板印象风险的影响，SAT之类的入学前测试低估了你的学术潜力，那么在随后的大学课程中，你可能会尽情释放自己的高超潜能，从而取得比跟你SAT分数相同但未受刻板印象风险影响的同学更好的成绩。但是这种情况并未出现。众所周知的是黑人学生们出现了学业问题，他们的成绩一般都比同一SAT分数段的、未受刻板印象风险影响的同学要低，很少出现例外的情况。在"剧本一"中，由于你的大学成绩甚至还不如SAT分数对你的学术能力的预期，所以以SAT为代表的入学前测试非但没有低估你的潜力，反倒有可能有所高估。

格雷格和史蒂夫对此的看法是，可以通过实证研究的方式验证究竟哪一套"剧本"是正确的。至少他们拥有大量参加过旨在降低身份风险的干预研究的学生样本，只需要再搜集一下这些学生的入学成绩和他们在参与干预研究期间的在校成绩就可以了。

如果那些被刻板印象风险影响的学生们在参与干预研究期间的学业成绩比不受刻板印象风险影响的学生们要高，那么这种情况就是对"剧本二"的一种支持。举例来说，如果在降低了校园中的刻板印象风险后，原本受到刻板印象风险影响的学生们的表现"一举超越"了不受刻板印象风险影响的学生们，那么这就意味着，前者在一般的大学环境中所出现的学业欠佳现象很可能是由周边环境中的刻板印象风险所引致的。同时这也说明了入学前的SAT分数低估了当事人的学术潜力，因为在降低了校园环境中刻板印象风险的影响后，当事人实际取得的大学成绩比SAT

分数所反映的预期水平要高——举例来说，就是比相同SAT分数、未受刻板印象风险影响的学生们成绩要好。

不过还有一种可能是，在干预措施的协助下，相关学生群体所受的刻板印象风险得以大幅降低，但他们的在校成绩还是不如那些不受刻板印象风险影响的同学们，那就说明刻板印象风险并没有对他们的在校成绩以及入学前的测试分数造成影响——也就是说，"剧本一"才是正确的。

目标已经明确，那么就开始进行实际验证吧。

格雷格和史蒂夫于是开始搜集所有干预研究（包括格雷格和史蒂夫在西北大学的研究，杰夫、胡里奥、瓦莱丽和他们的学生们在纽黑文市和博尔德市的小学里进行的研究，以及我和我的同事们在密歇根大学的研究）的学生样本，获取他们的入学前测试分数或等级（有些情况下对于学生学术潜力的评估是通过非应试的手段来进行的），以及在参与干预研究期间的学业表现。

验证结果发现，在干预研究中，卸下了刻板印象风险重负的学生们随后的学业表现持续优于与他们入学分数处于同一水平，但未受刻板印象风险影响的同学们。前者不但没有出现学业欠佳的情况，而且可以说是表现得出人意料的好。因此我们认为，"剧本二"才是更可取的选项。

当然，对于科学研究还是要常怀审慎之心。也许各种干预措施在降低刻板印象风险的同时，还产生了其他一些额外的效应，而这些额外效应才是帮助相关学生改善成绩的真正原因。不过目前我还设想不出所谓的"额外效应"究竟是什么,以及它的一整套作用机制,相信后续的研究一定会对此进行更深度地挖掘。

不过,即使基于审慎性的原则,我们还是能够从研究发现中提炼出一些令人印象深刻的结论——各种干预手段实施起来都非常简便易行,但它们产生的影响却是非常惊人的。这些研究表明,只要试着为降低刻板印象风险付出一点绵薄之力,便可以令少数族裔学生学业欠佳的典型问题消失得无影无踪,至少对那些参与研究的学生样本来说的确如此——这有力地证明了这种学业欠佳的情况正是由刻板印象风险所导致的。这些研究还表明,那些旨在评估学术潜力和入学后在校学业表现的入学前测试(比如SAT分数以及其他的评估等级)本身就有失公允。其原因在于刻板印象风险会抑制当事人在接受这些测试时的表现,从而导致测试结果低估了当事人的学术潜力。而当校园环境中的刻板印象风险被有效降低后,这些学生们的学术潜力便充分释放了出来。①

---

① 负责承办 SAT 和 GRE 等考试的美国教育考试服务中心(ETS)曾评估过刻板印象对标准化测试实战成绩的影响。在一次大学预科(AP)微积分测试中,研究人员选取了测试前和测试后两个时间节点,尽可能多地寻访考生并请对方填报自己的种族和性别信息。研究人员的预期是,相比测试结束后才填报自己种族和性别信息的考生,测试前便完成填报的考生将遭遇更大的刻板印象风险,相应地,他们的测试表现受到的影响也更严重。而事实上也是如此,在试前填报性别信息的女生成绩明显低于试后填报的女生。不过 ETS 研究团队表示,这种差异尚未达到"心理学意义上的显著性"。随后,凯利·丹纳赫和克里斯·克兰德尔两位来自堪萨斯大学的社会心理学家对以上实验数据进行了一次复盘,并推翻了 ETS 的结论。他们的测算指出,基于本次研究的样本规模(转下页)(接上页)(总共涉及 17 000 名考生),如果所有的性别信息都采取试后填报的模

同时，这些结论并不是昙花一现的。格雷格和史蒂夫的研究覆盖了各个年龄段的学生——来自 K-12 学校和高等学府中的数百名学生参与者——并囊括了降低刻板印象风险的多种策略。研究结果显示，作为身份条件作用的一种，刻板印象风险对相关群体的整体学术表现将会产生长期的、不断累积的不利影响。同时这一研究还提供了解决方案，也即通过对既定环境的改造为受刻板印象风险影响的学生们创造一种能够充分释放其学术潜力的无障碍氛围。

　　漫长的探索之旅仍然任重道远，但至少我们已经迎来了一

式，那么微积分成绩符合大学入学标准的人数将比实际情况增加 2837 人，这意味着更多的深造机会。本次研究在黑人学生群体中也发现了类似的情况，不过这种趋势尚未达到传统统计学意义上的显著性。

　　想要对这些研究发现做出合理解释其实并不容易，因为这里涉及一个重要的方法论问题：在以 AP 测试为代表的意义重大的标准化测试中，几乎每位考生都会或多或少受到刻板印象风险的影响，因此我们很难找到一个无风险的对照组来对测试成绩的基准水平做出准确判定，并将受到刻板印象风险影响的学生的成绩表现与之进行比照（开展刻板印象风险课题研究的难点并不在于为刻板印象易感人群设置相应的刻板印象风险，而在于采取何种手段消除特定情境中的刻板印象风险——这在真实的测试环境中几乎不可能做到，因为这种情况下我们无法干预学生们对于测试的看法）。在面对如此重要的 AP 测试时，只要考生属于刻板印象易感群体，那么无论是在试前还是试后填报身份信息，他们在测试过程中都会感受到巨大的刻板印象风险，因此在这种情况下，试前填报信息和试后填报信息的比较结果就没有那么显著了。

　　这就是为什么我们说格雷格和史蒂夫的研究策略至关重要。因为他们就"刻板印象风险对学生在真实测试中表现的影响"这一问题给出了迄今为止最易于理解的例证。同时它也揭示了，标准化测试一直都低估了受到刻板印象风险影响的学生们的真实能力——这是一个相当隐晦的事实，对此我们也曾做过解释，因为刻板印象风险不光压低了学生们的入学测试成绩，也压低了他们入校以后的学业表现。

座里程碑。大量的证据都强有力地指出，学业问题的产生，如果排除了评分过程中出现歧视性对待的可能性，那么多半就是由刻板印象以及身份风险所引发的一系列效应而导致的。研究同时表明，标准测试环境下开展的一些用于评估学生后续学习潜力的考核有可能会低估某些受到刻板印象风险影响的学生的实际潜力。这种效应是难以察觉的，因为进入校园环境中以后，相关学生的后续学业表现仍然会受到刻板印象风险的抑制。刻板印象风险在美国社会造成大量少数族裔学生出现学业问题，这一问题像家常便饭一样普遍存在，又像野蛮生长的杂草一般难以遏制。

不过通过以上各种研究，我们还是看到了解决问题的希望。如果想要解决学业问题，想要为众多受刻板印象风险影响的学生们打开一扇通往学业成功和事业辉煌的命运之门，那么在重点培养学生知识技能的基础上，还必须关注如何降低学校、班级、工作场所，甚至篮球场馆内可能存在的刻板印象风险，必须设法降低由某些身份所引发的"不便性"。对此，我们所开展的第一波干预研究给出了一些示范做法，起到了很好的抛砖引玉的作用。

不过，如果想要真正解决问题，还是需要全体美国公民携起手来，突破身份的藩篱，营造出有利于种族融合的大环境改善问题。为了达成这一目标，我们还需要克服另一种形式的身份风险，如果忽略了这种身份风险，便难以形成对身份风险在社会大环境中所起作用的全面理解。接下来，让我们将研究的重点转向这种形式的身份风险吧。

第十章 我们之间的距离：
身份风险的效用

"西南航空头等舱"现象：隔离者之国

谢丽尔·卡辛在她的一部发人深省的著作《融合的失败》中分享了她与丈夫（二人都是非洲裔美国人）在搭乘西南航空班机时经历的一件逸事。西南航空的值机政策是"先到先得"，那么当卡辛和丈夫登机时间较晚时，他们就会寄希望于所谓"西南航空头等舱"的机会。具体而言，就是希望这趟班机的乘客中有一名年轻的黑人小伙早早地排在登机队伍的队首，然后这位小伙在登机后一般会选择前排靠近安全通道的舒适座位。卡辛解释道："如果这位黑人小伙旁边还有空位，那么它们八成会一直这么空着，于是我们通常便可以'捡个漏'，坐上这两个空位。我对于那些拘泥于自己的社会身份而放弃头等舱座位的人们既心怀感激，又感到一丝惊讶。同时我会对这位黑人小伙报以热情的微笑，然后毫不犹豫地在他身旁径直坐下。"

那么，卡辛夫妇为什么能够获得"西南航空头等舱"呢？

完全是因为白人乘客怀有一种偏见,比较排斥坐在黑人乘客旁边么?又或者从某种程度来说,这是否就是本书通篇所论述的核心问题 —— 一种由身份特征引发的困境(类似于前文提到的泰德在非洲裔美国人政治学课堂上束手束脚的窘境)?总之,针对上述问题的不同解释,会为减少种族冲突和差异的实践提供不同的指导思路。

如果用身份风险解释这一问题,是不需要假设白人乘客都是戴着有色眼镜的。唯一需要假设的是,白人乘客们可能跟泰德一样心怀顾虑,即担心自己在与黑人乘客接触时的某些言行甚至某种思想会产生种族主义倾向,或是让他人产生相关的联想。这种基于身份风险的解释是从当事人的角度出发的。所谓"当事人",根据情况不同,有时候是指接受测试的女生,有时候是指某些少数族群。而就"西南航空头等舱"的案例来说,当事人则是指不愿在黑人旁边就坐的白人乘客。这种解释暗含了一种假设,即以当今的文明程度来看,大部分白人不大可能怀有种族主义倾向。但有些讽刺的是,正是这种不想被视为种族主义者的心态,才使得白人乘客刻意回避与黑人邻座,甚至还可能造成白人教师刻意回避在少数族裔专门学校授课,或是担任少数族裔学生的导师(下一章将具体涉及)。如果这种身份压力导致的是人与人之间的相互疏离,那么人们便可能对本书第九章中所述的降低身份风险的"干预策略"完全提不起兴趣,更遑论将其付诸真实情境中的实践了。

以上观点对"西南航空头等舱"现象做出了解释，同时还衍生出了另一个"实证问题"，那就是刻板印象风险除了会对个人的能力表现产生影响之外，是否还会成为导致不同的社会群体间产生冲突的一种常见原因？恰好我们实验室里有一位聪明干练的研究生菲利普·戈夫，他长期关注有关刻板印象风险的内容，所以很想对上述"实证问题"进行研究，同时他还鼓动我共同关注这个问题，毕竟群体间的冲突可能会让美国社会陷入分裂。

不过，当今的美国还处于社会分裂的状态么？当我们对导致美国社会成员之间相互孤立的一系列传统因素进行探究时，却发现许多因素已经不如往日那么显著了。就拿美国人的种族观念来说，在第二次世界大战后，美国人对于种族的态度正在变得越来越包容，这种情况几乎涵盖了日常生活的方方面面，并不断朝着种族多样性的方向发展——从体育界到娱乐圈，从企业高层到美国总统的任职均是如此。媒体镜头下的美国更是一派百花齐放的景象。所以我们还能说美国是一个分裂的社会吗？当我和菲利普试图围绕这一问题寻找一些确凿证据时，我们发现在社会群体间和谐相处的表象之下，还是出现了一些裂痕，甚至暴露出了一些严重的缺陷，而这些缺陷并不一定都能简单归结为种族问题。

《纽约时报》杂志的专栏作家大卫·布鲁克斯在他最新出版的《通往天堂》一书中提出了一个引人注目的普遍性问题。我们美国人正在形成越来越细分、成员身份越来越高度趋同的小群体，并且这些小群体划分的依据都是一些远远不如"种族"特征明显的其他标准。从宏观上来说，这种现象反映出人们对于生活方式和政治偏好的不同追求。布鲁克斯向读者们描述了一趟从城中心的社区出发，一路途经城市近郊、精英社区、移民聚居区，直至抵达城市远郊以及乡村地区的体验之旅。他将这些相对独立的社区称为一座座"文化孤岛"。社区与社区之间即使近在咫尺，各自的居民相互了解也不多。作者对此的原话是：

> 人类能够感知到极其微妙的社会属性差异，并据此塑造自己的生活。在华盛顿特区一带，民主党的律师们倾向于居住在马里兰的郊区，而共和党的律师则选择弗吉尼亚的郊区。如果你建议一位民主党律师从马里兰州贝塞斯达市的住所搬往弗吉尼亚的大瀑布城（购房成本不变），那么她很可能会一脸愕然，认为你是在鼓动她参与军火和烟草生意。而在曼哈顿，那些定居在商住两用复式空间里的在家办公族也会觉得花同样的价钱去第五大道的公寓里居住简直离谱。

布鲁克斯进一步指出，其实美国人的流动性很强——就是说美国人比其他地方的人都更乐于离开故土，迁往哪怕远隔千里的地方。每一次迁徙都是一次选择的机会，选择自己的心仪住所，选择属于自己的文化社区。一来二去之间，我们与居住的社区融合得更为紧密，同时也与其他人越来越疏离。从这个意义上来说，我们的国家就是由许多相互隔离的个体组成的一个集合体。

不得不说的是，有时候这种人际间的隔离现象很难不跟种族问题扯上关系。

我偶尔也在思考，我们美国人似乎并没有充分意识到民权运动的重要性。民权运动集社会性与法律性于一身，它所倡导的关于构建种族融合社会的理念几乎包罗万象，据我所知还没有哪个国家能够将这种价值观以白纸黑字的形式明确地落实在法案中。这都要归功于 1954 年布朗起诉托皮卡教育委员会一案，以及最高法院对此做出的终结种族教育隔离的决议。不过就在布朗法案过后不到两年，最高法院的另一项决议则对学区的划分做了相对宽松的规定，体现在将采取反教育隔离措施的最终期限表述为"审慎推进"。1974 年，最高法院否决了试图将所有市区都纳入反教育隔离措施范围的议案。鉴于美国城市的主要布局就是少数族裔聚居在市中心而白人居住在郊区，因此这项否决案将导致反对教育隔离的种种决议在实践中变得不可行，这可能也是自 1954 年的判决生效后，关于"反对跨区就学"的抗议和诉讼仍然持续不断的原因。

正如"哈佛民权项目"在近期的一份报告中指出的，随着时间的推移，美国的学校又开始渐渐恢复到隔离状态。在全国 185 个招生能力超过 25 000 名学生的学区中，绝大部分的学区在 2000 年的种族隔离程度比 1986 年的时候还要强，而且表现通常都很明显。举例来说，在明尼阿波利斯市，随着反种族歧视的计划逐渐淡出，2000 年该市黑人学生所在学校中白人学生的比例比 1986 年下降了 33%。反种族歧视计划的缺位，使得学校开始变得和赞助它们的社区一样封闭。而社区的种族隔离现象也日趋严重，尤其以白人社区为甚。根据 2000 年的人口普查报告，美国白人聚集区的白人与黑人之比平均为 80 比 7，而美国黑人聚集区的这一比例是 33 比 51。这一比例无论对市郊还是中心城区的社区都同样适用。如果想要通过调整城市人口结构的方式实现各个社区内种族间的均衡状态，那么就必须对 85% 的黑人人口进行重新安置。换句话说，种族隔离的历史仍然影响着我们的现实生活。

我和菲利普认为，上述数据已经回答了我此前提出的背景问题。人际隔离以及其他方面的人际差异仍然是当今美国生活的一大特点。这些差异体现在种族隔离制度上、展现在媒体镜头下，也出现在总统大选中。

当然，可能有人会对此表示不屑："那又怎样呢？"为什么要对这种隔离的变化趋势如此担忧呢？这里是一个自由的国度。如果不同身份群体间的隔离是无害的，为什么不可以听之任之呢？

关于这个问题，经济学家格伦·劳瑞在他新出版的著作《解构种族不平等问题》中提出了一个有趣的观点。他指出，个体对于群体隔离现象的态度很大程度上取决于当事人对于人类属性的假定。有一种假设认为人类拥有不同程度的独立性，可以自由做出选择，而社会对于每个人所提供的机遇也是大致平等的。基于这种假设，可以推出群体间的隔离现象并不会造成太大问题。因为个体的生活状态主要取决于自身的选择、决定和天赋等因素，所以何必担心群体间的隔离呢？群体隔离可能会给那些崇尚四海为家的人们带来点不便，但它难以影响到社会整体的公平公正。

而与此同时，另一种观点也渐渐流传开来，尤其在社会科学领域颇有市场——人类虽然具备自主选择权，但同时也受限于各种社会地位。人们的生活是社会、经济、文化结构以及社会关系网等各种参数的集合，出生在肯塔基阿巴拉契亚东部山脉的穷人孩子和芝加哥北郊富人家庭的孩子在获取社会机会方面存在结构性的差异，地位不同，能够获取的资源以及由技能、知识、发展机遇、人生转机等各种因素组成的"社会资本"也会大不相同。简言之，群体隔离影响个体地位。当人们因社会阶层、种族或信仰不同而各自抱团或相互隔离时，他们能够接触到的资源和社会资本也会受到相应的影响。正如劳瑞所指出的，"机会总是游走于社会关系网络的各个节点"。这种论调得到了大量真实案例的支持。

举例来说，在 20 世纪 70 年代早期，社会学家马克·格兰诺维特曾对马萨诸塞州牛顿市的数百位职场人士进行调查，了解他们是通过何种方式获得工作机会的。结果显示，56% 的就业渠道都来自朋友推荐，而通过招聘广告和直接申请的方式获得职位的分别只有 19% 和 20%。近期，又有一位社会学家南希·迪托马索对这种调查做了进一步扩展。她走访了新泽西、俄亥俄以及田纳西州的 246 位 25 到 55 岁的工作者，询问他们在自己的职业经历中，有没有哪项工作是熟人介绍的，有没有人在他们的求职过程中帮他们做了内部推荐，以及他们与自己的雇主是否本来就有交情？结果发现，平均来看，单个工作中约有 60% 到 90% 的受访者表示自己曾经从上述三种情况所代表的一种或多种"社会资本"中受益；总体来看，这种通过"社会资本"得利的情况覆盖了全体受访者的 98%。然而大多数的受访者竟然还没有意识到自己的这些优势。书中原文写道："许多受访者声称并没有依靠别人的帮助，比如一位来自新泽西州的打工人通过自己父亲的关系进入工会，后来又在朋友的帮助下获得了一份更加稳定的工作，但他却表示，'这是不是我自己挣来的呢？当然是啊，我这就叫一分耕耘一分收获，谁都没有帮过我，一点儿也没有。'"在总结自己的成功时，我们总会对自己付出的辛劳与汗水念念不忘，却有意无意地忽略了社会资源网给自己带来的优势。

很显然，社会资源的网络与网络之间并不均等。相比较那些经济条件一般的群体，富裕阶层凭借自己所拥有的社会地位和人际关系网，往往能享受到更良好的教育、理想的工作以及优质的医疗服务等资源。正如之前提过的，出生在肯塔基阿巴拉契亚东部山脉的穷人孩子和芝加哥北郊富人家庭的孩子之间存在天壤之别。再想想看阿纳托勒·布罗亚德在将自己的身份从黑人转变为白人之前和之后的不同境遇。造成这些当事人社会地位差异的一个很大的原因就在于他们背后的社会关系网络以及该网络所能提供的发展机遇、核心知识与技能、关键位置上的人脉等社会资本之间的大相径庭。这就解释了为什么看似平常的社交偏好却能带来深远的影响，因为这种偏好决定了谁能够接触到更优质的关系网，而谁又会被排除在外。

顺着格伦·劳瑞的这套逻辑，可以推出一个惊人的结论：人们的日常社交偏好推动了美国社会形成以种族身份为基础的人际网络和社会地位——根据种族划分的居住格局、教育资源、朋友圈等。而相比直接的种族歧视来说，这种社交偏好可能会是导致种族不平等的更加重要的原因。这句话的意思并不是说种族歧视已经消失了，而是在强调社交偏好会将黑人群体排斥在对他们有利的人际网络和社会地位之外。

劳瑞还列举了一些有关社交偏好的例子：

> 在 1990 年年满 25 到 34 岁的已婚人士中，约有 70% 的亚裔女性和 39% 的西班牙裔女性的配偶是白人新教徒，而只有 2% 的黑人女性的另一半是白人……白人与少数族裔共同参与的教堂集会简直稀奇得足以登上报纸头条。在贫民窟里居住的黑人青少年们受到了严重的文化隔离。学者们发现这群人即使相隔千山万水，他们在语言模式上仍能保持高度的相似性，而与之形成反差的是，低收入的白人群体其实就跟他们毗邻而居，然而这两大群体在说话方式上却大相径

庭。膝下无子的白人夫妇哪怕不远万里前往哥伦比亚乃至中国去领养孩子，也对隔壁社区的黑人孤儿不闻不问。

作为对上述例证的进一步补充，让我们重温一下本书第二章中那次关于跨种族的朋友数量的调查。调查的结果显示，在20世纪90年代早期的密歇根大学内，受访黑人学生所拥有的与自己关系最好的6位朋友中，平均只有2/3位是白人。而在白人学生的好友清单中出现黑人的概率则更低。显然，美国高等学府内的社交网络也是带有明显种族特征的。

（回顾一下本书第四章中介绍的有关"最小群体"的研究。实际上每个群体都会存在一些内部交际的偏好，程度或多或少，影响力或大或小。因此，如果某人想要和其他圈层的成员搭上线，从而让自己挤进更加有利的人际网络，简言之就是低阶圈层的人如果尝试向高阶圈层跃迁的话，那么圈层内部的交际偏好便会成为一道门槛。也就是说，高阶圈层内部成员的情感好恶很大程度上决定了谁能够被允许进入他们的圈子。）

在整理相关资料的过程中，我和菲利普更加坚定地认为，群体偏见并不是影响群体社交偏好的唯一原因。对于"西南航空头等舱"现象所折射出的美国社会的割裂问题，我们不由得猜想，身份风险在其中所起到的作用会不会比我们之前认识到的还要更加重要？

当然，我们知道不同族群之间的交流往往也很顺畅。从我办公室的窗口放眼望去，成群结队的学生们来来往往，经常能看到不同种族的学生们结伴而行，有说有笑。可能这种融洽的氛围跟谈话的主题有关，毕竟还有很多话题（比如学校篮球队的发展前景等）不会让白人学生们担心自己会被视为种族主义者。不过，另一些话题便没有这么安全了，比如说讨论警务人员在管制城镇里的黑人大学生时应当发挥的作用，抑或某个大学同学在给黑人小学生做家教时遭遇的失败经历等。这些可能就会成为身份风险的导火索，从而给不同族群间的交流带来紧张气氛。

回避污名化：远距离交流的起因并非偏见

不过我们应该如何验证这一猜想，又该如何验证身份风险对于不同族群间交流所起到的作用呢？我们需要为此设计一套评估方法。想象一下，假设你是一名白人，正在牙医诊所里等待就诊。此时进来两位黑人病友坐到了你的旁边，随后你们便展开了交流。这种交谈的开头一般都是同病相怜般地相互倾诉一下牙痛之苦，然后再谈论一些政治话题，但不知道怎么回事，你们聊着聊着，话题就转向了种族形象定性问题。这是你的两位黑人病友高度关注的一个问题，因为他俩都坚信自己曾有过类似的经历。就在此时，你被喊到号了，但当你走进就诊室后，却发现医生还没有处理完上一位病人的病情。于是你再度返回候诊室，这时你原来的座位已经被其他人占用了，不过另外还有两个空座，其中一个还是挨着刚才的两位黑人病友，而他们仍然在讨论种族形象定性的话题；另一个座位则离他们较远，从而可以让你避开这场讨论。

作为一名白人，如果你重新加入刚才的讨论，那么刻板印象风险就离你不远了。在这种敏感话题的讨论中，你很难确保自己的某些表达不会触发别人对你的刻板印象。如果此类身份风险对你的社交偏好产生了影响，那么结果就是你会选择那个远离讨论现场的座位以规避风险。不过如果身份风险对你的偏好几乎不产生影响，那么你可能还是会重新坐回两位黑人病友旁边，然后继续跟他们胡侃海吹。

那么你实际上会选择哪一个座位呢？

或许我们可以通过类似的情境对"身份风险（而非偏见歧视）能否影响到个体与其他群体的交际偏好"这一问题做出验证。也就是说，从当事人对座位的选择行为来说明问题。为了将这种情境搬进实验环境，我和菲利普讨论过很多种方式，也演练过很多次。最终我们确定了以下方案。

我们在斯坦福大学里招募了一些白人男生，将他们分别带入实验环境，一次一人，并向每位参与者解释说这次实验是社会沟通研究的一部分，他将会和另外两名还在楼下填写调查问卷的同学进行一次交谈。我们会给每位白人学生拍一张拍立得相片，然后将它和另外两个谈话对象的照片拼在一起，以便让白人学生提前熟悉一下另外两位谈话对象。于是每位参与者可以通过照片得知他将会和两位黑人学生对话。接下来，我们会告诉其中一半参与者，他们的谈话主题是"爱情与恋爱关系"；而另一半参与者则会被告知他们将要讨论的是"种族形象定性"这一敏感话题。

于是，两组白人学生便划分完毕。其中一组的成员会预期自己将要与两位黑人学生一起讨论情感话题。而根据我们的前期调研，男生们在与来自其他群体的同学谈论情感话题时一般都比较收放自如。讨论这种话题不大可能让自己被他人视为带有种族偏见，因此几乎没有风险。而另一组成员面临的则是与两位黑人学生一起讨论种族形象定性话题。前期调研显示，这一话题可能会让当事人遭遇与前述"牙医诊所"情境中类似的刻板印象风险，从而引发不适。那么，这种风险是否严重到足以影响到这些参与者们的群体偏好呢？

我们采用了一种简单的方法评估这种风险。在白人学生们各自明确了谈话主题后，研究人员会表示他会到楼下把另外两个谈话对象接上来以便开始讨论。临走前，他会指着角落里杂乱堆放的三张椅子对白人学生说道："麻烦帮忙把这三张椅子摆好以便等会儿讨论，摆好后你就选一个座位先坐下来吧。"于是参与者便转身去摆椅子了，等他忙活好以后，整个实验也便告一段落。

可能你已经猜到了，这次研究真正的关注点在于白人学生将会如何摆放这几张椅子，尤其是他们会如何安排自己的座位与其他两位黑人学生的座位之间的距离。参与者与每位黑人学生之间的距离其实就是我们评估社交偏好的指标。按照我们的设想，白人学生与黑人学生的座位离得越远（正如在牙医诊所案例中挑选较远的座位一样），相关话题给白人学生带来的不适感就越强。

根据我们的预估，与两位黑人学生讨论种族形象定性的话题所引发的身份风险，将导致白人学生尽量避免与黑人学生的交流。因此，与搭乘西南航空班机的白人乘客会刻意避开黑人乘客的行为类似，白人学生在预期将要讨论种族话题时，很可能会将自己与黑人学生之间的距离安排得比讨论无风险的情感话题时更远一些。而实验的结果确实如此。预期将要讨论情感话题的白人学生会把三张椅子都摆得比较紧密，不过预期要讨论种族话题的白人学生则会把两位黑人学生的座位靠得很近，而自己的座位则离得远远的。

这可真是一个有趣的发现。不过，与陌生人交谈时上手就直奔种族形象定性这种敏感话题，似乎对任何人来说都会有些违和感，也许这才是造成白人学生们将座位远离其他谈话对象的原因所在。

为了检验这种可能性，我们又招募了另外两组白人男生。同样是安排一组讨论情感话题，另一组讨论种族话题。不过这次两组参与者们通过照片看到的是他们的谈话对象也是两位白人，而非黑人。那么与白人同学一起探讨种族问题总该不会引发多少身份风险了吧。而实验结果也很明显：两组白人男生无论预期自己将讨论哪个话题，都会把三个座位安排得比较紧凑。这就说明了种族话题并不是白人学生试图与黑人学生保持距离的唯一原因。

不过，我们怎样才能确定白人学生是出于对坐实"种族主义者"这一刻板印象的担忧才会远离黑人学生的呢？

为了探究这一问题，我们首先要对白人学生在摆放座椅之前的内心活动进行评估。这次我们沿用了我和约书亚此前采取过的实验方法，也即让白人学生们完成一次填词测试。总共 80 道填词题目，其中有 10 道题既可以填成与"白人种族主义者"的刻板印象相关的词语，又可以填成完全不相干的词语。比如"种＿＿＿者"既可以填成"种植业者"，又可以填成"种族主义者"。这种测试与罗夏墨迹测验类似，可以评估个人的潜意识状态，而测试的结果也非常有趣——白人学生在预期将与白人学生交谈，或是将与黑人学生讨论情感话题的时候，他们填出的与刻板印象相关词语的数量跟他们摆放座椅的距离没有直接关联；但当白人学生预期将会与黑人学生讨论种族话题的时候，他们把自己的座位摆放得离黑人学生越远，他们在填词测试中填出的刻板印象相关词语的数量就越多。

这一结果说明，在预期将与不同的族群成员谈论种族敏感话题时，白人的潜意识便会被"白人是种族主义者"这种刻板印象所占据。他们越是在意这种刻板印象，便越会努力让自己和黑人学生们保持距离。对于刻板印象的顾虑会驱使他们越躲越远。

不过，仍然存在另一种可能的解释。回顾一下"西南航空头等舱"的案例，产生问题的根本原因究竟是身份风险还是守旧的偏见呢？这一疑问同样适用于我们眼下所讨论的问题。造成白人学生们在讨论种族话题之前要与黑人学生保持距离的原因究竟是我们所推测的身份风险，还是源自某种偏见呢？可能白人学生对黑人学生抱有的成见越深，他就会与黑人学生保持越远的距离，这既是一种表达偏见的方式，也是在尽量避免自己所持的偏见被轻易暴露出来。

　　对此我们又进行了另一次实验。这次实验的内容与第一版的实验大致相同，唯一的区别是在实验正式开始的 24 小时前，我们会对所有白人学生的种族偏见程度进行评估。我们利用"现代种族主义调查问卷"评估意识层面，同时用内隐态度测试（IAT）评估潜意识层面。其中 IAT 评估的就是当事人对某一特定群体（本案例中即为非洲裔美国人）的潜意识或者说内隐态度。这一测试的原理是：我们识别弱关联（比如美国前总统乔治·W. 布什和流行天王迈克尔·杰克逊，他们之间的关联性较弱，充其量就是"同一时代的公众人物"）的速度要比识别强关联（比如老牌的喜剧演员劳莱与哈代，这两位是密切合作的搭档，因此关联性很强）的速度缓慢很多。根据这一原理，如果我们的意识将黑人与负面因素（比如黑人与犯罪）关联起来的速度比将黑人与正面因素（比如黑人与成功）关联起来的速度要快，同时对于白人的判断则正好相反的话，那么便说明我们的潜意识已经将黑人更多地与负面因素相关联（IAT 测试是由社会心理学家安东尼·格林沃尔德和马扎林·贝纳基开发的一项有趣的测试）。由于 IAT 测试的结果取决于当事人对于电脑屏幕中快速闪现的互动项目做出反应的速度，因此很难作假。

在完成偏见评估后，我们的正式实验还是得出了与此前一致的结果。当预期的讨论话题是"种族形象定性"时，白人学生摆放座椅的距离会视谈话对象而定——谈话对象也是白人的话，椅子就摆近一些；如果是黑人，那就把椅子摆远一些（这一轮实验中我们只给白人学生安排了一位谈话对象）。

最为重要的是，我们的研究发现，对黑人抱有强烈偏见的白人学生并不会比没有偏见的人把座位摆得更远——这一结论是建立在"现代种族主义调查问卷"和 IAT 的双重评估基础上的。偏见并不影响社交距离，这可是一个非常具有启示性的发现。当然，我们也必须承认，斯坦福大学里的精英学子们即使对黑人持有偏见，程度也不会太高。不过的确有些白人学生被评估为比一般人抱有的偏见更加深刻，而在摆放座椅的环节中却并未体现出这种差异，这一点也是事实。

影响白人学生与黑人学生座位距离的决定因素与首次开展的实验一致，即白人学生对于坐实白人种族主义者刻板印象的忧虑程度。在两次实验中，我们也采用了同样的方法，即通过填词测试对当事人的忧虑程度进行评估。当白人学生预期自己将要和一位黑人学生一起讨论种族话题时，他会特别担心自己的言论坐实相关的刻板印象，这种担心越是强烈，他会将自己的座位安排得离黑人学生越远。

造成这种"远距离对话"的原因并不是种族偏见，而单纯只是由于白人学生担心自己被视作种族主义者。同时这很可能也是导致泰德在非洲裔美国人政治学课堂上如坐针毡的原因，也是一些白人乘客愿意将"西南航空头等舱"的机会让给谢丽尔·卡辛的原因，还是一些白人教师不愿意给学习成绩不佳的少数族裔学生提供辅导的原因。毕竟谁会想要自讨苦吃呢？

刻板印象风险，是这个国家的厚重历史对人们日常生活的一种渗透。针对特定社会群体的刻板印象是历史留给世人的一份遗产，我们常用它来对适配情境下的个体（比如在飞机上与某位黑人乘客邻座，或是与少数族裔学生进行互动等）进行相应的判断。身处相应情境下的白人当然不希望自己被视为刻板印象中的"白人种族主义者"；而同样处境下的黑人也不希望自己被误会成刻板印象中那种耍狠好斗而又对偏见极度敏感的形象。无论是在漫长的航行途中，还是在日常的学校餐厅里，白人也好黑人也好，谁都不愿意花费经历去和这些传统眼光作斗争，他们只希望航班顺利抵达，或是好好地饱餐一顿，于是乎，彼此互相回避便成为最简单的解决方案。

在公众场合下应对刻板印象的压力，或许就导致了"美国人在跨族群交流时的严重不适"或者说"对更广义的差异性的严重不适"。大卫·布鲁克斯所描述的这种不适感会将每位美国人都驱赶至一个个建立在越来越细分的个体差异基础上的社区里。我们试图构建适合自己的居住区、工作场所以及学校，以尽量避免和外人打交道。然而，随着美国人口多样性的提升，以及对于社会资源公平性的呼声日趋增强，这种"各家自扫门前雪"的模式很难长久。天下虽大，却并没有永远的藏身之所。

目前为止，我和菲利普通过推理得出了一个忧伤的结论——即使一夜之间社会中的各种偏见全都奇迹般地消失了，但人与人之间还是会因为各种刻板印象的压力而保持距离。更加令人糟心的是，美国人往往在解决不了问题的时候便放弃治疗转身离开（正如布鲁克斯指出的，每年都会有16%的美国人选择更换环境），这种秉性，配合上刻板印象的各种压力，只会促使人们在相互疏离的道路上越走越远。

学会拉近距离：标签随时可能贴在每个人身上

虽然前方的道路看起来昏暗异常，但我和菲利普，以及新加入我们的保罗·戴维斯（前文有过介绍）还是通过不懈的研究寻找到了一束希望之光——在卡罗尔·德韦克所做研究的基础上，我们进一步构建起一套思维模式，可以帮助人们更好地与其他类型的同胞相处。

按照卡罗尔的逻辑，我们推测白人学生在与黑人学生讨论种族话题时之所以可能产生焦虑情绪，是因为他们担心在谈话过程中稍有不慎便可能会被认定为一个不可救药的种族主义者，因此他们才会试图回避这场讨论。根据这样的原理，我们可以将这种讨论包装成一次学习机会，那么也许就可以拉近对话者之间的距离。学习意味着可以习得各种技巧，而非单纯讨论一成不变的事物，如此一来便可以打消当事人的许多顾虑，从而使得他们愿意和谈话对象坐得更近一些。

于是，我们根据上次实验的基本流程又进行了一次重演。而这次的不同点在于，在安排白人学生摆放座椅（也即研究人员假装要下楼去招呼黑人学生）之前，研究人员会特地给白人学生一个提示，大致意思是，在讨论种族形象定性话题的时候产生紧张气氛是非常自然的，而且对任何人来说都不是件容易的事。因此应当把这种讨论当作一次学习机会——试着在讨论过程中学习如何应对这样的话题，并进一步举一反三，学会如何与持不同观点的人一起探讨敏感话题。

在经历了上述一番开导之后，白人学生果然在摆放椅子的时候让自己的座位离黑人同学更近了，而这一距离和同一实验中其他讨论安全话题的对照组中的座位距离基本一致。那么他们在摆放椅子之前的心理状态是什么呢？填词测试的结果显示，当白人学生怀着学习的目的看待即将进行的讨论时，他们所填出的与种族主义相关的词语数量与不受刻板印象风险影响的对照组填出的数量相比没有明显的增加，这从侧面说明了这些当事人不再担心自己会被视为种族主义者了。

不过，从全球范围来看，不同族群之间的偏见仍然是导致种族隔离的一大原因。因此，指望着引导人们抱着学习的目的去和其他群体的成员进行交流，从而去消弭所有的偏见，肯定是不太现实的。毕竟在这一问题上，并没有什么包治百病的良药。

尽管如此，我们的发现还是带来了一些希望。如果是由于身份风险的原因导致了人际关系疏远或不适，导致了同一班机的乘客不愿彼此邻座，导致了白人学生不敢参加少数族裔学生达到临界数量的课程，导致了个别教师不想和少数族裔学生进行交流，等等，那么试着构建起一种"学习导向"的心态，也许会对改善局面有所帮助。如果是以学习为目的，那么犯错就仅仅只是犯错，而并不意味着判定种族主义的实锤。

在卡罗尔的观点中发掘出"学习导向"这一理念之前，我们也曾经历过数次有趣的失败。比如，我们曾试图引导当事人对即将进行的讨论充满期待，从而促使他们将座位靠近。我们首先向他们保证，不会对他们在讨论中发表的任何言论进行评价，这样一来他们也许便能畅所欲言，而不必担心自己的言论会遭到非议。不过也许是因为他们还不够信任我们，所以对此并不买账，仍然会把椅子摆放得很远。接下来，我们改变了策略，转而宣称观点之间的差异是弥足珍贵的，因此我们非常鼓励在讨论过程中产生更多思想的火花。然而这一招仍然失败了，当事人仍然将椅子摆得很远，有些甚至比之前更远了。

以上这些策略虽然失败了，但我们仍然觉得它们具有一定的合理性。事实上这些策略都出自一些多元融合的培训项目，而我们有时在自己的课堂上也会采用这些策略，然而它们却在本次实验中造成了意想不到的结果——我们越是向当事人保证他们的言论不会被针对，他们心中的顾虑反而越加重了。这看上去的确有些杞人忧天，不过如果这种情况出现在一次心理学研究中，或者是一场多元融合工坊活动中，那么我们就不能认为它是不可理喻的，因为在类似的场合下，当事人的确很容易担心自己会被别人指指点点，而这恰恰是我们想要指出的：当白人学生预期将和黑人学生讨论种族话题时，当某一群体在特定情境中感受到与自己相关的负面刻板印象时，仅仅通过口头保证的方式，很难驱散当事人在这些跨族群交流情境中感受到的刻板印象风险。

如果想要让这些口头保证，或者说任何一种增进群体关系的技巧在课堂、工作场合或是多元工坊等情境中发挥效用，那么首先必须让当事人相信，虽然的确存在一些针对他们群体的负面刻板印象，但我们不会戴着有色眼镜评价他们，我们会看到他们人性中闪亮的一面。当然，这种信任并不容易达成，我们在第九章中相应地列举了一些提升信任感的建议以供参考。而在这里我要再次强调"学习导向"的重要性。当来自不同背景的人们以学习为目的展开交流时，彼此之间原本可能产生的紧张气氛就被化解于无形之中，在这种情况下，沟通中的失误就不会被过度解读，信任感便逐步建立起来了。

刻板印象风险是一种普遍存在的现象。它无时无刻无所不在，无人能够置身事外。针对某些身份特征的负面刻板印象就像阴霾一般，在空中挥之不去。当我们进入与刻板印象相关的特定情境时，我们就很可能会被这些刻板印象所针对。如果我们对自己在相关领域的表现十分上心，那么焦虑感就会油然而生。我们会努力破除相关的刻板印象，至少也要和它们撇清关系，于是我们会跟刻板印象相背而行，同时也会尽量避免与它们过分缠斗。刻板印象并不能决定一切，但它们会持续不断地、悄无声息地左右着我们的行为、选择，乃至我们的生活——我们需要在客舱通道上行走多远才能找到一个合适的座位；我们在高尔夫球赛或是智商测试中会给出怎样的表现等。我们都将自己视作具有主观能动性的独立个体，毕竟我们可以自由选择。但是我们常常忽略了，我们的任何选择都难以突破现实情境的制约，而现实情境中的一个重要组成部分正是与我们的社会身份紧密挂钩的一系列压力。我们很难通过对个人经历的反思领悟到这一点。不过，正如我在本书的字里行间中不断倡导的那样，恰恰是这种压力，才能令我们的社会身份真实而饱满。

总而言之，刻板印象风险就是生活中的一种常态。

第十一章 身份是联结你我的桥梁

自2008年11月4日巴拉克·奥巴马当选为美国有史以来第一位黑人总统以来，总有大量的舆论开始宣扬美国社会已经进入了"后种族"时代。在这个时代里，种族身份再也不会成为个人发展以及人际交往的障碍。这种美好的愿景是由美国大选直接催生而出，并很快蔓延到了其他各领域。从根本上来说，这种愿景认为美国社会的某些本质已经转变，或者说进化到了一个新的历史阶段。我们摒弃了偏见造成的种种不公，充分实现了自我解放，并携起手来共创未来。亚里士多德认为物体下落的速度不同，是因为它们的内在属性，也即影响自身与地球引力相互作用的"土质"各不相同，由此便导致了不同物体的下落速度各异。类似地，我们也认为可以通过度量一种足以影响种族、性别、阶层以及其他群体间公平公正的内在属性——即通过所谓的"群体间偏见"评估我们迈向"身份平等社会"的进程。如果"群体间偏见"这一指标降至零点，那么按理说我们就可以拥有一个种族平等、身份平等的社会，一个公平竞争的舞台，一个所谓的"后种族"社会。我个人非常乐意看到这一局面。但是，只要群体性偏见消失，后种族社会就一定会到来么？

《刻板印象》一书的初衷就在于为有关社会身份的研究提供一个广阔的视角。为什么社会身份——比如种族特质——对于我们以及整个社会如此重要？个中原因不光是对某种身份的偏见，还应包括关键情境中的身份条件作用。偏见的作用至关重要，它可以塑造出各种身份条件作用。不过另一方面，身份条件作用也可以在脱离偏见的情况下对相关当事人产生深远影响，乃至改变他的人生。

每当回顾起作为非洲裔美国人的一生时，我总能发现由这种身份所引致的各种条件作用正在不断地得到改善。我儿时经历的那种"泳池限制"已经一去不复返了。阿纳托勒·布罗亚德在20世纪40年代末的纽约所经历的许多令人透不过气的种族限制也不复存在了。情况正在向好的方向发展。但是可别忘了，身份条件作用植根于某种特定身份在历史进程和社会构建过程中所扮演的角色（这一角色信息已经深嵌在整个社会的DNA中），同时还取决于社会针对这一身份所形成的刻板印象。拿美国社会的种族问题来说，种族主义的历史以及相关的遗留问题仍然困扰着我们。正如前一章节所提到的，教育领域的种族隔离现象仍在持续增加，而非稳步减少。当前美国社会中黑人家庭的平均财富只有白人的十分之一，这也是长期的种族歧视史在当今时代的一种投射。正是应了威廉·福克纳的那句名言："历史并没有消亡，也不曾被祭奠，它甚至从未走远。"

事实上，尽管与种族相关的社会心理学条件作用已经在不断改变，但它仍然十分顽固。以高等教育为例，直到 20 世纪 60 年代，非洲裔美国人仍然在为就学问题而担忧。由于种族关系，他们被美国大多数的大学和学院拒之门外，或者即使有个别特例获得了录取，人数也少得可怜，而且还会在校园里受到各种隔离性的限制，因此黑人学生普遍对上大学提不起兴趣。如今，这种条件作用再也不会发生在有志进入高等学府的黑人学生们身上了。然而，正如本书中一些相关研究所揭示的那样，在当今的种族融合大学里，刻板印象和身份风险仍然拥有生长的土壤，尤其在那些遍布着身份风险情境线索的校园中更是如此。这些风险并不会像昔日那样对当事人的人生选择进行直接限制和排斥，但它们会对当事人的潜能产生不利的抑制作用。

在日益多元化的今天，白人同样也会遭遇顽固的身份风险。如今白人与黑人以及其他少数族裔之间的接触已经成为日常，这就意味着他们可能需要经常担心自己会被负面刻板印象的针对。相关情况可以参见本书第十章中我和菲利普·戈夫以及保罗·戴维斯所做的研究。

综上，我认为目前的美国尚未到达所谓"后种族"社会阶段。不可否认的是，我们的种族观念的确有所改观。调查显示，社会上反对不同种族间通婚的声音不再那么尖锐；白人上班族给黑人老板打工时也不再感到那么别扭；越来越多的人开始对和其他种族的人做邻居表示接纳和欢迎。此外，我们还选出了一位黑人总统。不过，影响人们生活的并不只有种族观念，还有种族身份相关的条件作用。这些条件作用从来都没有消失，只是渐渐地从台面转入了社会心理学的层面。

  我撰写本书的一大目标就是帮助读者们进一步拓宽对人类行为的理解，提醒读者们注意到，在特定情境中，尤其是在涉及身份融合的情境中，我们的身心在处理各种明面任务的同时，还会暗自评估各种情境风险，并试图避免自己遭到负面刻板印象的评价和对待。也许本次探索之旅最大的收获之一就是，一旦觉察到环境中可能存在被负面刻板印象针对的风险，那么当事人自我保护的本能便会被激发起来，而一旦自我保护机制开始启动，那么它就会进一步接管当事人的精力资源，以至于最后可用于处理手头工作的资源被攫取得所剩无几。这种人类的生理和心理机制对个体的思维、情感、行为和表现等都会产生影响，而无关个体的特质、能力和动机等。而这些影响恰恰是造成不同群体间出现表现差异（例如数学成绩、与不同族群成员进行对话的兴趣、高尔夫球比赛的表现等）的重要因素。虽然我们已经可以通过高超的科学技术窥探当事人内心深处最为真实的偏见，但与此同时，我们却忽略了当事人在日常生活中的行为（比如对待黑人的言行）都会受制于由刻板印象引致的身份风险，而这一风险对于同一身份群体内的所有成员都普遍适用。比方说，我们可以通过成千上百次的测试评估女生们的数学能力，然而却忽视了在这个社会中，女生们自打接触数学开始便会承受与她们数学能力相关的强烈的身份风险以及由此产生的额外压力。这些压力使得数学学习变成了女生们眼中的一项令人反感且跟自己群体不搭调的活动。再比方说，我们可以通过分析世界各大主要赛事中百米短跑选手所有的历史数据评估白人运动员的短跑实力，不过同样忽略了这些白人选手在第一次起跑的时候便承受着舆论一边倒的压力——短跑可是公认的黑人运动员的天下啊！

以上案例为我们更好地理解群体差异提供了一些补充素材。在关注核心内涵的基础上，我们也针对问题背后的原因给出了一些拓展性的解释，如果没有这些拓展思维的辅助，你就很难解释以下现象：

- 为什么仅仅把测试的概念从"对个人能力的评估"调换成"不评价个人能力的解题游戏"，就能够令黑人在瑞文推理标准测验中的表现变得和白人同样出色，从而完全消除了智商测试中普遍存在的种族差异？
- 为什么仅仅把高尔夫球测试的定义从"对运动天赋的评估"切换为"对运动智商的评估"，就能够让白人和黑人在该项测试上的表现出现反转？
- 为什么在女生参加高难度数学测试之前，给她们一些关于女性成功人士榜样的提示，就能够改变女生在数学测试中的表现不如同等水平男生的普遍现象？

- 为什么引导白人学生将与黑人学生探讨种族话题视为一次学习机会，就能够让白人学生愿意在谈话时坐得离黑人学生更近一些？

上述研究提出的核心建议是，如果想要在身份融合的情境中消除不同群体间的表现差异，或是推动来自不同背景的个体之间的和谐共处，那么就必须营造出一种安全感，令当事人不会因身份风险而感到困扰。如果这种安全感无法有效营造出来，那么人类自我保护的天性便会主导当事人的思想和精力资源。当然，并不是说只要致力于构建安全感就万事大吉了，不过满足安全感的需要的确是解决此类问题的一大必要条件。遵循这一思路，我认为对于教师、经理人和领导来说，如何妥善回应个体的安全需求（特别是在身份融合的情境中），将会成为一项愈发重要的技能。在这个越来越多元化的社会中，那些不具备此类技能的管理者们是否还能有效地开展工作呢？对此我深表怀疑。

为此，本书也专门推出了一些实战内容。相对于一套完整的策略集合来说，本书只涉及一些入门级别的操作建议。不过它们仍然可以在应对身份风险挑战的时候起到一定的积极作用。个人的内在特质是难以改变的，但是特定情境中的身份条件作用、暗示条件作用的情境线索，以及解读情境线索所遵循的理念等是相对可调控的。近年来各种相关的实践研究都不断揭示了这一原理：

- 在提出批评性意见时转变一下方式方法，就能够让少数族裔学生更容易接受你的观点，且更受鼓舞。
- 使特定情境中少数群体的数量增加到临界值，就能够提升该群体成员的信任感和舒适度，并提升他们在该情境中的表现水平。
- 积极促成来自不同背景的学生们之间的跨群体交流，就能够提升少数族裔学生的舒适感和学业表现。
- 鼓励学生们（尤其是少数族裔学生们）对自己最为重视的方面进行自我肯定，就能够改善学习成绩，并保持较长的时效。
- 帮助学生们构建起一种正确看待挫折的理念，并通过对周边环境的改造，释放出积极进取的信号，就能够大幅提升学生们的归属感和学业表现。倘若这一策略在关键时刻运用得当，则很可能为当事人的整个命运带来重大转机。

对上述策略及其效用的介绍并不意味着我们可以无视结构性变革的积极作用。事实上，结构性变革以及其他相关变革对于消解种族、性别和阶级等社会身份造成的不利影响具有重要意义。这种制度层面的变革仍然是关注的焦点。不过与此同时，我们也可以通过积极应对日常生活中的身份风险获得一些局部性的改善，从而在很大程度上缓解由身份特征引致的不利影响。这种做法未必能够一招制胜，但它的确是一剂改善痼疾的良方——这也是我在书中所一贯倡导的理念。正所谓不积跬步，无以至千里。再微小的进步都好过于在原地一动不动。

* * * *

不过话说回来，美国人对于种族身份相关的话题仍然抱有谨慎的态度。在涉足种族问题之前有认真评估过相关的收益成本比么？对于种族问题的操纵和消费行为难道不是当今社会的一大耻辱么？我们如此支持奥巴马当选总统的一个重要原因，不正是希望"后种族"时代的到来能够将这种耻辱一举荡平么？不过有些讽刺的是，虽然肩负着民众的厚望，但奥巴马并没有积极倡导所谓的"后种族"社会，也从未将自己的当选解读为这种社会到来的一种标志。尽管他也曾呼吁来自不同族群的美国人要团结起来，共同创造一个进步的时代，但他同时也强调了自己的种族身份以及其他一些多重身份，并公开地对这些身份特质表示接受和欢迎。他甚至还在自己的多部著作中宣扬这些身份特征对于他更好地认识自己起到了非常重要的作用。他渴求一种更加强大、更为成熟的种族身份。2008年初，民主党总统候选人的提名角逐进入白热化阶段，奥巴马于当年的3月18日在费城发表了著名的"种族演说"，其中提及：

> 我的父亲是一位肯尼亚的黑人男子，我的母亲是一位

美国堪萨斯的白人女子。我是由我的白人祖父母抚养成人的。我的祖父亲历过美国的大萧条阶段，二战期间又曾服役于巴顿将军的部队。当祖父远赴海外战场时，我的祖母也在莱文沃思要塞的轰炸机装配线上日夜劳碌。我曾在全美最为顶尖的学校里求学，也曾在世界上最贫穷的国家中生活。我的妻子也是一位黑人，她的血液中流淌着从遥远的奴隶时代流传至今的悠久传统，而我们的两个掌上明珠也继承了这一血统。我的兄弟姐妹、侄男甥女、姑舅叔姨散布在世界三大洲，他们都属于不同的种族和群体。我的人生经历中目前为止最令我感到印象深刻的是，放眼四海，唯有美国，唯有在这个独特的国度里，才有可能出现我们这样一个充满种族多样性的大家庭。

从这段演说内容中可以看出，奥巴马毫不避讳自己的种族身份，而且抱有一种非常接纳的态度。他并不提倡种族间的无差别待遇、也不买账"后种族"社会，而是明确指出了自己的家庭乃至整个社会都是由不同的种族所构成的。他将自己的多重种族背景以及与种族身份相关的话题摆上台面，并试图通过这种方式搭建起一座沟通的桥梁。在一个对种族身份高度敏感的社会里，奥巴马的这一做法看似有些不合常理。事实上，他的竞选助理也曾对这一演说内容提出过异议。尽管如此，这场演说还是成功地受到了非黑人族群选民的青睐，助力他成功获得党内推举，并最终当选总统。这一演说帮助奥巴马与广大的选举人之间达成一种基本的共识。每个人都有自己的身份，而且往往是多重身份。而不同的身份之间除了具有一些显著差别以外，也会存在许多共通之处。奥巴马正是通过大谈特谈自己的多重种族身份引导人们注意到这种共性，从而进一步剖析自己的身份，再由此及彼，更好地理解他人在被冠以某种身份后的酸甜苦辣。通过援引自己家庭成员的种种例子，奥巴马在他和普罗大众之间搭建起了一座桥梁。一个没有故事的奥巴马，在选民眼中就仅仅是一位黑人而已，然而有了这些鲜活的例子，听众们便可以从奥巴马身上看到自己的影子。

这次演说同时也拓宽了人们对于种族身份的理解（至少起到了一种暗示作用）——身份并不像那些相对固化的内在属性一样对人们的性格特征起到决定作用。从奥巴马的经历中可以看出，身份因素虽然非常重要，但是它并不能掌控和代表一个人的全部。身份的影响力是动态的，会随着相关情境的变化而变化。人们可以通过对自身经历的反思更好地领会上述事实，进而会对奥巴马敢于直面这一事实表示欣赏。从这个角度上来说，我们无须对种族身份这一话题太过恐惧和谨慎。事实上，对种族身份相关课题的探究是大有裨益的——很显然，奥巴马就是受益者之一。他在不断探索中加深了自我认识，收获了平和心态；通过对他人的感同身受增进了彼此的理解和共情，从而与大量民众建立起情感羁绊，同时也锤炼了自己解决问题的社交能力。在奥巴马的案例中,身份差异并不是引发分裂和威胁的罪魁祸首,而是在复杂而多元的社会中,为当事人妥善应对各种风险挑战提供助益的智慧源泉。正是拥有了这种智慧,奥巴马才得以成为领导整个美国社会的不二人选。可能令所有人都大跌眼镜的是,奥巴马在种族身份问题上不但没有选择闪烁其词,反而进一步强调了自己的种族身份,正是这种做法使他一举成为民众眼中的一颗"希望之星"。

而我期待《刻板印象》一书能够传达给读者们的是,让我们从一点一滴开始做起,悉心呵护好我们共同的希望。

致　谢

我要感谢斯基普·盖茨和罗比·哈林顿，在我一度受困于"心理学家应当专心发表论文而非写书"的执念时，是他们的坚定鼓励让我不再纠结。我要感谢他们在本书的撰写过程中给予我的支持和包容。

社会心理学的研究工作是一项需要群策群力的事业，而本书即将娓娓道来的正是本人研究成果中最为核心的部分——集体智慧的结晶。因此我在行文过程中将相关的合作者也做了一一介绍（他们中的许多人都为相关章节的创作提出了宝贵意见）。另外还有普里扬卡·卡尔、艾米丽·普罗宁、达里尔·沃乌特、朱莉·加西亚和大卫·谢尔曼等学者，他们的研究成果虽未收录在书中，但同样深深地启发着我的研究和思考，在此一并致谢。

我还要特别感谢黑泽尔·马库斯和已故的罗伯特·扎荣茨。他们给予我的善意和帮助，以及为本书所提供的智力支持，极大地提升了作品的成色。同样还要感谢他们的女儿克莉西亚·扎荣茨，她提供了鲜活而又真实的大学生活素材，这对于本书的撰写相当重要。另外值得一提的是，尤尔特·托马斯、珍妮佛·艾柏哈特、卡罗尔·德韦克、李·罗斯、马克·莱珀、戴尔·米勒、拉里·波波、马西·摩根等朋友和同僚，以及来自斯坦福大学的"种族和族裔比较研究中心"的同事们对我的支持也让我能够做得更好，毕竟科学家也是需要人文关怀的。此外，凯斯和理查德·尼斯贝特为本书前几章的撰写提供了非常宝贵的意见。在感谢以上诸位的同时，我要特别强调的是，他们不应对本书中任何"错误"或是"歪曲"的观点负任何责任，希望读者朋友们可以理解。

我还要感谢诺顿出版公司的编辑莫莉·艾森伯格、杰克·申德尔和罗比·哈林顿，他们在本书出版的整个过程中提出了许多细致周到的建议，常常让我深受启发，进而加以改善。同样感谢希拉里、马修·杰克逊和埃普丽尔·豪斯等学生助理，他们在我撰写手稿期间提供了各种帮助。尤其要感谢埃普丽尔，她在手稿的收尾阶段花了大量心思收集整理参考文献。特别感谢我的经纪人蒂娜·本内特，是她让我享受到一次顺利而愉悦的出书体验。

研究工作离不开基金会的解囊相助，在此鸣谢美国国家心理健康研究所对本人研究工作的资助。同时特别感谢拉塞尔·塞奇基金会及其主席埃里克·万纳，有赖于他们自始至终的鼎力支持，本项目才得以顺利启动，并最终修成正果。

最后，我想感谢斯坦福大学行为科学高级研究中心的各位同事。在我一心扑在写书上而无暇顾及作为中心主任的许多职责时，他们表现出的包容和耐心，让我感受到人性的光芒。与如此温柔善良的朋友和同事们相伴真是太棒了。

© 民主与建设出版社，2021

图书在版编目（CIP）数据

刻板印象 /（美）克劳德·M. 斯蒂尔著；陈默译. -- 北京：民主与建设出版社，2021.8

书名原文：Whistling Vivaldi: How Stereotypes Affect Us and What We can Do.

ISBN 978-7-5139-3591-3

Ⅰ. ①刻… Ⅱ. ①克… ②陈… Ⅲ. ①社会心理学—研究 Ⅳ. ① C912.6-0

中国版本图书馆 CIP 数据核字 (2021) 第 132442 号

Copyright © 2010 by Claude M. Steele
All rights reserved.
This edition published by W.W.Norton & Company,Inc.,
Simplified Chinese translation copyright © 2021 by Ginkgo (SHANGHAI) Book Co., Ltd.
中文简体版权归属于银杏树下（上海）图书有限责任公司。
版权登记号：01-2021-4029

刻板印象
KEBAN YINXIANG

著　　者	[美]克劳德·M. 斯蒂尔	译　　者	陈　默	
出版统筹	吴兴元	责任编辑	王　颂　郝　平	
特约编辑	高龙柱	营销推广	ONEBOOK	
封面设计	张　萌	装帧制造	墨白空间	
出版发行	民主与建设出版社有限责任公司			
电　　话	（010）59417747　59419778			
社　　址	北京市海淀区西三环中路 10 号望海楼 E 座 7 层			
邮　　编	100142			
印　　刷	华睿林（天津）印刷有限公司			
版　　次	2021 年 10 月第 1 版			
印　　次	2021 年 10 月第 1 次印刷			
开　　本	889 毫米 ×1194 毫米　1/32			
印　　张	9.5			
字　　数	188 千字			
书　　号	ISBN 978-7-5139-3591-3			
定　　价	52.00 元			

注：如有印、装质量问题，请与出版社联系。